孙氏形意拳

邓福明 编著
李永坤 整理

人民体育出版社

图书在版编目（CIP）数据

孙氏形意拳 / 邓福明编著；李永坤整理. –北京：人民体育出版社, 2020
ISBN 978-7-5009-5621-1

Ⅰ.①孙⋯　Ⅱ.①邓⋯　②李⋯　Ⅲ.①形意拳－基本知识　Ⅳ.①G852.14

中国版本图书馆CIP数据核字（2019）第162495号

*

人民体育出版社出版发行
中国铁道出版社印刷厂印刷
新 华 书 店 经 销

*

787×1092　16开本　18印张　314千字
2020年6月第1版　2020年6月第1次印刷
印数：1—2,000册

*

ISBN 978-7-5009-5621-1
定价：61.00元

社址：北京市东城区体育馆路8号（天坛公园东门）
电话：67151482（发行部）　　邮编：100061
传真：67151483　　　　　　　邮购：67118491
网址：www.sportspublish.cn

（购买本社图书，如遇有缺损页可与邮购部联系）

一代宗师孙禄堂先生

邓福明先生辅导学生照

邓福明先生与朋友、部分学生、弟子的合影

邓福明先生与国内、外武术家合影

序 一

张茂清

读过弟子邓福明先生所著《孙氏形意拳》书稿后，我不禁感觉到，多年来他与刘国新先生、程秉均老先生和梁凤翔师兄不仅学习了孙氏武学的外形动态，更能看出他自悟、内通，把孙氏武学的拳理拳法内外合一，把劈、崩、钻、炮、横，与金、木、水、火、土及内五脏的肺、肝、肾、心、脾的五种精微能量，化于五行拳之中。通过五脏与六腑的互动互为，明了其中的相互关系，进而才能悟出五行与十二形的互动原理。在此基础上，福明把孙氏的形意拳、太极拳、八卦拳，在自悟体会上，应该说是做到了外不拘于形式、内求和顺自然，也就是恩师剑云先生所讲各家形式虽有不同，其内一也。最让我认可的是，福明一直在全国各地奔波，尤其是在福建和云南大理，为发扬、传播孙氏武学，培育了一大批国内外孙氏武学传人。这种不辞辛苦、一心为了传播孙氏武学的奉献精神值得称道。如果我们每一个孙氏的第三代、第四代、第五代都能够像福明那样广泛宣传，用心去悟道孙氏武学的拳理、拳法，在师祖的基础上有所研究、有所发展，定能把孙氏武学的传承建得更牢固。

希望福明再接再厉,团结同仁,继续传播孙氏武学文化,让世界上更多的人认识孙氏武学、接受孙氏武学,这对于人类的健康、养生将起到积极的促进作用。

(张茂清先生,系邓福明先生恩师之一,师从孙剑云先生。中国武术八段。现任天津市武协副主席,天津滨海新区常务副主席,中华武士会会长,天津孙氏拳研究会会长)

序　二

李福刚

假如你也同我一样，已经通读完了这部《孙氏形意拳》，那么恭喜你，不必苦于众多的孙氏形意拳论著中难以取舍了，这本书可能不是最好的，但我保证这部作品是其中最有诚意的。

本书作者邓福明先生，孜孜于孙氏武学数十年之久，在那个特殊年代里，以极其有限的经济条件辗转各地，几乎访遍了他能够接触的、已然隐迹于寻常百姓间的那些老一辈拳学大家。尊师重道，用功恳切，既吸取众家之长，又不被门派陋习所拘，为我们后学整理、保留了大量濒临断代失传的拳械套路和传统武术风格风貌，为普及、宣传推广孙禄堂武学体系做出了卓越贡献。仅凭这一点，邓福明先生就可以被称为当代孙氏武学传承过程中承上启下、不可或缺的关键人物之一。这不仅是邓福明先生的机缘所在，更是邓福明先生的责任所在。

今天，邓福明先生耗十年之功，又为我们捧出了这本书——《孙氏形意拳》，将自己毕生习练的孙氏形意拳学的所思、所悟、所见、所感，阐之以拳理，配之以图典，尽可能将孙氏形意拳学的精华要义原汁原味地和盘托出，呈献在读者面前。读邓先生的文章，朴实、真挚、踏实，简洁精当，句句实言，毫无拿腔拿调的做作与虚套。正如邓先生那地道的唐山口音，每次听来，从里到外都透着股亲切劲儿。我作为同门晚辈，见猎心喜，忍不住赞一句："这样诚恳的书，不多见了，也只有邓先生这样诚恳的人才能写得出，若配合已发行海内外的'孙禄堂武学系列'教学片，按图索骥，拳与性合，依此切实行去，不难入孙氏形意拳学之三昧。所谓文如其人，人如其拳，读者大幸！"

（李福刚　内蒙古赤峰市孙氏太极拳研究会　秘书长）

立志孙门　自强不息

邓福明

学武之初　缘定孙门

那是1970年，我15岁，刚刚升入中学。一天，我的同班同学刘恩海找到我，说："咱俩找个武术老师学功夫吧。"我问道："哪个武术老师肯教咱俩呢？"他说："我已经发现了一个叫刘国新的拳师，和咱们街道离得不远，他会民国武学宗师孙禄堂的孙氏形意、八卦、太极拳。我还知道另有一位功夫很高的老拳师叫张玉书，是孙禄堂得意大弟子孙振川的徒弟，也是刘国新拳师的恩师，他就在咱们中街住，近水楼台先得月呀！"我们住在路北区乔屯南北街，因为张玉书很有名气，这条街上的很多人都跟他学练孙家拳，只不过当时我未学武术，所以并没在意。听刘恩海这么一说，我喜出望外，加上我身体从小就不结实，正想强健体魄，于是一百个愿意。

说干就干！刘恩海打听到刘国新老师每天早晨必到路北大红桥园林处练功夫。我们俩决定第二天就行动。次日一大早我就起了床，心情兴奋，情绪高涨。约莫四五点钟（当时家里没时钟）我们俩集合在一起，连跑带跳地一口气跑到了三里外的目的地。到了园林处，找到了刘国新老师的练功场地，老师正在练功，我们静静看着。一会儿老师收功休息了，我俩赶紧跑上前打招呼，诚心提出想跟老师学习功夫，锻炼身体。在我们那个年代，没有什么可玩的，更不用说娱乐了。岁数一般大的孩子，整天在一起就是打打闹闹、上房爬墙、砸石头、玩砖头、玩毛人、玩玻璃球等，不像现在年轻人可以上网吧、酒吧、舞厅、KTV、健身房、武馆等。

刘国新老师听完我俩的请求，仔细地看了看我们，说道："这可不是好玩的，很辛苦。是要晚睡早起的，不下一番功夫、不流一堆汗水是练不了武术的。再说了，我练的可叫内功拳，以气练力、刚柔相济。现在市面上会拳的很多，门派种类也不少，你们得想好了是不是适应自己的性格脾气。要选对了拳种，因为内家拳理论深奥，没有悟性，不勤学苦练是不得法的。"接下来，他给我们讲了很多武林的名人轶事。我一听，很感兴趣，很入迷。我和刘恩海一商量，表示有决心、有恒心、有毅力跟他学。刘国新老师接着说："你们是真喜欢孙氏拳学吗？"我们异口同声地说："喜欢！"刘老师说："那你们得给我写份保证书——不许打架，不许惹是生非，要修身养德。" 我俩一一答应，真的写了份保证书交给了刘老师，他也真的收下我俩做徒弟了。

自此，每天早起我们都跟他一起在林中练习站三体势，学练五行拳。老师默默地看着我俩能不能坚持，是不是后悔不该受这份苦、这份罪（我坚持下来了，刘恩海最后放弃了）。

我家五六口人，就父亲一人上班，母亲1968年得急性肝萎缩去世了，家庭生活非常窘迫。因为营养不良，我神经衰弱，经常犯头晕，记忆力也不好，还爱做噩梦，上课时总是烦躁不安、听讲不专心。但是经过跟刘国新老师学拳后，身体状况大有好转，尤其是孙氏五行拳对身体大有裨益。此后我又练了孙氏开合活步八卦太极拳、八卦游身连环掌以及棍术、太极推手等，睡觉不做噩梦了，精神清爽了，学习也有兴趣了。刘恩海同学很聪明，进步比较快，经常找我练接手，拆招武术里面的技击。我俩互相学习都有了进步，对孙氏武学文化也更感兴趣了。

1973年7月10日我加入了上山下乡的队伍。我是72届毕业生，没有工作，为了生活，我下乡到丰润县任各庄公社孙家庄大队插队落户。在农村也偶尔练一练拳，以此苦中作乐，丰富一下乡村的单调生活。

1975年底印染厂到村里招工，大队领导让我回城，我成了印染厂的一名锅炉工人。1976年7月28日唐山大地震时，我的小弟弟不幸罹难，那段时间心情之悲痛，无法言语。那几年，我都很少练拳。

再次学武　广学孙门

1979年，恩师刘国新把我介绍到孙昌瑞老师那儿学练孙式八卦剑、八卦六十四转掌、象形十二手法、十八节八卦转刀、太极推手等。

1980年，邻居刘希君跟我说，他的老家黄骅港有一位叫张德海的远房亲戚，在唐山钢厂工作，是唐山赵各庄矿抗日民族英雄节振国的师兄弟，跟孙禄堂的二儿子孙存周学过孙氏拳法。张德海曾把孙存周请到家里虚心求教。

我一听这些缘由，就更加想结识张德海先生了。刘希君说："每到星期日，张先生都会到教堂做礼拜，我给你引荐。"我说："还是和刘国新老师打个招呼比较好，省得他日后知道了不高兴。"我把想跟张德海学习的想法对刘老师说了，刘老师一听："很好呀，你有这想法，我高兴！都说一师不出高徒，只有多经师多学艺，访名师拜高友，才有更大的进步！"就这样，刘国新老师又把我引荐给了张德海老师。我到了张老师家真是如鱼得水。因为他的武术书籍太多了，各门各派的都有，尤其是孙禄堂的五大著作——《形意拳学》《八卦拳学》《太极拳学》《八卦剑学》《拳意述真》，都是单行本。我如获至宝，借来抄写（当时我只有刘老师的《形意拳学》手抄本）。跟着张老师我学到了不少理论知识和技击原理，如手法发力，而且，我对孙氏拳学的了解更深入了。

刘国新老师是路南区勾东第二小学的一名教员，素质很高，是一名基督教徒，南下打过仗。他善良朴实、可亲可敬，对学生谆谆教导，开发我们的智慧和想象力，让我们认真揣摩以便产生灵感。谁求到他，他总是热情关怀，有求必应，当我提出去保定定兴师爷张玉书家拜访学习时（因为当时张玉书师爷已经回老家去住了），他欣然答应带我前往。1984年6月，我们师徒二人坐火车从唐山到北京再倒火车到定兴（师爷的老家是东落堡东引村），到了师爷家，老人家热情地招待了我们。我跟他学习了形意五行棍和五行剑。

1985年春，又到定兴县城二街孙雨人处（孙雨人是孙振岱的儿子，跟孙存周、孙剑云学拳，他的爷爷孙邵亭和孙禄堂是师兄弟，在当地很有名气，人称"八卦大王孙老续"。孙邵亭曾请孙禄堂到家里教他的儿子们，孙振川、孙振岱、孙振刚他们兄弟几个都有文化、有地位，家境富有，对孩子们的培养很投入），在那儿学习了形意转环奇枪、形意纯阳剑和太极三才剑。孙师爷还给我们讲了很多有关他跟孙禄堂师祖在江苏国术馆的事情：他给孙禄堂当书童，他在外屋坐着，听到里屋孙老先生肚子里有响动，可能在练气功；他说孙禄堂不管是进屋还是出屋，总是用脚踢起门帘子，快身闪进去，那门帘子被踢到的地方，补了又补，不离窝儿。

孙雨人还跟我说："你要相信科学，不要听街由上说什么孙禄堂在高粱秆上跑、墙上挂画一类的传闻。如果你是个记者、作家，我在这里随便说一通，你就肯定会艺术加工，夸大其词，写出好多轶事来。"他告诫我：做人做事一定要实事求是。

我的师叔李贵江，是张玉书的小徒弟，我们在一趟街上住。他的技击性很强，爆发力很好，经常给我做指导，教我两人交手时如何去变化、发力，还传授给我刀点、剑点的使用方法。他长我几岁，我们很投缘。

后来我又在武友王长海的引荐下，结识了北京的梁克权老师。梁老师是"八卦翠花刘"刘凤春（八卦祖师董海川的徒弟）的弟子周鲁泉的徒弟，形意、八卦、太极都很有造诣。当时梁老师正跟北京西城区的高子英（高子英的父亲高文成是董海川弟子程庭华、尹福、"大枪"刘德宽的徒弟）学拳。梁克权老师带我去拜见孙禄堂的女儿孙剑云和梁振甫的学生李子鸣师爷。之后我和朋友虞伯民、刘远军常到孙剑云家里（当时孙老师在北京绒线胡同住）求教，学到了孙氏家传的很多武术精华。在高子英师爷那里，我学习了八卦连环棍、八卦枪、八卦鸡爪鸳鸯钺、八卦弧形钩镰剑、直趟八卦六十四手等家传。我还和高师爷的儿子高继武以及张氏太极大师崇焕文（他在日本很有名气）及其弟子在北京徐悲鸿纪念馆里交流练功，通过相互交流学习，我获得了很多新鲜的武术知识。

1985年，经梁克权老师引荐，我跟程秉钧（程秉钧是张玉书的徒弟，他和郭孟深先生学过八卦刀、八卦枪等精华，也跟"鼻子李"李瑞东的徒弟学了很多东西）学练武功。我和程师以前就认识，只不过程师平时不爱教人。我在他那里学习了八卦双头蛇枪、八卦九宫刀、太极推手、达摩易筋经等功法。

之后我又跟潘树森老师（潘老师和张玉书分别是唐山市第二浴池的书记和经理，朋友加师生关系，潘老师曾到天津国术馆和尚云祥、薛颠学过）学习了薛颠的五法八象拳。

再次拜师　情定孙门

不比不知道，一比吓一跳。

1993年，刘国新老师过75岁大寿，在唐山工人体育馆内举行孙氏拳武术表演。表演之前，刘老师和我推手，刚一搭手我就出去了。孙昌瑞老师说："你是不是故意的？"我说："我也不知道是怎么出去的，反正是想用劲。"刘国新老师说："对了，是你的劲一冒尖，到我手上有了感应，这就叫应物感应，不知不觉你就出去了。"我也很纳闷。老师说："是自然法则到了一定功夫，浑身无处不丹田、无处不发力，所谓无处不弹簧，到化劲阶段了，这就是拳无拳，意无意，无意之中是真意，无为而至。"

程秉钧老师也达到了这种地步。1985年5月11日，程老师带我和顾大成及北京武术队一起到山东济南庆贺济南形意拳研究会成立。我们和《中华武术》杂志社记者于昕在大明湖公园。也是推手，我使了个虎扑子，刚一挨程老师胸部，就感觉如入深渊，怎么空了呢？明明扑上了，可是霎那间，我已连环倒退收不住脚，只觉着身子往下跌，想站起来，直不起腰来，飞出一丈开外，跌了个大屁墩，还很舒服——那是老师怕打坏我没有发真劲，只不过放劲而已。当时黄万祥的外孙子柴青云说，这是老师把力放在你脚上了，你不跌是不可能的。

此后，几位武友到小山批发市场（我在那儿做布匹生意）找我切磋武艺，还说些刺激我的话："师兄，你原来功夫比谁都好，可现在，你也没啥长进，都练了这么多年拳，也没有个名分，别人都比你好了，都超过你了。你也不拜师，还想得真东西？"我说："厂子破产了，现在我得做买卖养家糊口，有什么办法呢！再说了，我的天赋本来也不好，悟性也极差。"他们说让我拜陈式太极拳拳师为师，我想："拜师也得拜在孙氏门下呀，因为我对孙家拳太有感情了。"

这些事儿一直在我的脑海里翻腾——功夫无止境，我是该拜师继续深造。

唐山市教育局的梁凤祥老师是孙禄堂的女儿孙剑云门下第二代嫡传人，我决心要拜他为师。我知道自己资质愚钝，但我热爱孙氏武学。我把我的想法跟程秉钧、孙昌瑞、刘国新三位老师说了，他们既不反对，也不赞成，说没什么用，那只不过是个形式而已，但我坚持我的观点，他们也就默认了。就这样，我到梁凤祥家提出要拜师之事。梁师说："这样不好，你的老师已经这么多，况且刘国新还健在。"他不同意收我为徒。我恳求他："即使拜在您门下，我也不会忘了教我的恩师们的。再说岁月不待人，我都50岁的人了，得抓紧一切学习的机会呀！"梁凤祥老师终于收我入门了。他说："你找我的徒弟高九元当介绍人吧。"我说："我不认识他，我认识您的徒弟霍双新。"他说："那也可以。"我就到路北区东窑道嘉博大酒店找到霍双新，他愿意当我的介绍人。就这样，举行仪式，递上拜师帖，我就正式入孙氏拳学门了。

拜师以后，参加了几次孙门武学交流大会，深受启示，同时结识了孙禄堂的孙子孙宝亨及孙女孙淑容，他们给了我热心的指导。

2004年，我在广州俏佳人音像有限公司拍摄22集中英文版孙氏拳学教学光碟，全世界发行。俏佳人老板李跃打电话祝贺，说销量不错，效果很好，这也使我有机会为弘扬孙禄堂武学文化尽一份绵薄之力。在此感谢马志军先生、尹丽华女士给我当拆解拳术的陪练，他们是我的学生，更是我的朋友，为了把孙氏武学发扬光大，年逾不惑之年，吃苦受伤、无怨无悔。

看到市面上发行的光碟，一些武友、同门打来电话或者当面质问我：你怎么成孙氏第三代传人了？我耐心给他们解释：你们看看孙剑云编写的《孙禄堂武学录》一书，上边写着："孙剑云是第一代嫡传人，梁凤祥是第二代嫡传人。"这有什么不妥吗？传人只是一个传承载体而已。孙禄堂是孙氏拳的鼻祖，他发展创造了他的拳术，有自己的见解，有自己的体会和认识，形成了独具个性的武学文化。社会在发展，人类在进步，新生事物不断涌现，没有什么稀奇的。我们要重新认识形势，认识自己，了解孙氏武学文化特性，一个首任中和，就够我们后辈学习的了。我们要团结，要学会宽容，把自己的身体锻炼好了，把孙氏武学发扬光大。学练孙家拳多年的张玉琮还拜陈式太极拳李经梧为师呢，我们练孙氏拳的人，哪能只为一点小事就过不去呢？

为了孙氏武学能更好地传播到每一个爱好者身上，遭遇再多不理解，我都不会抱怨，付出再多艰辛，我都不会流泪。

此后，我更加坚定信念，认准孙禄堂武学文化这个坐标，发挥自己的光和热。我在师姐杨志新女士的引荐下，来到了英国老板斯考特先生在福建三明市泰宁县创办的龙腾武馆，这个武馆专教从世界各地慕名来学孙氏武学的学生，这使我有了用武之地。2007年，法国青年盖勒还不远万里专门来中国找我学孙氏武学文化，我既光荣又自豪。

有一天，斯考特先生找到我，让我写一本有关孙氏武学的书作为学校的教材使用，至此一直酝酿了一年多时间。我想：虽然自己文化水平不高，知识也不多，但是我收藏了一些武术方面的资料，也收藏了不少各门各派的书籍、杂志，还知道不少名人轶事，既然学校有这个要求，我就大胆地尝试一下。

人们常说，只有想不到，没有做不到。我翻阅查找有关武术方面的资料，以有限的写作水平，尽心尽力地去做，推动一下学习孙氏武学的浪潮，编写一本孙氏武学方面的常识书籍，就算是抛砖引玉吧。我只是怀着一种善意，想为孙氏武学的发展和传播尽一份微薄的力量，做一名武术文化的爱好者、推动者，让孙氏武学永葆青春、永不褪色。

谨以此书献给热爱武术事业的同仁。有不妥之处，希望武林同门同道的朋友批评指正。

目 录

第一章　孙氏武学名人简介 …………………………………… （1）

　第一节　孙禄堂先生生平 ………………………………………… （1）

　第二节　孙存周先生生平 ………………………………………… （4）

　第三节　孙剑云先生生平 ………………………………………… （5）

　第四节　张茂清先生介绍 ………………………………………… （7）

第二章　形意拳学总论 …………………………………………… （9）

　第一节　形意拳概述 ……………………………………………… （9）

　第二节　形意拳的特点 …………………………………………… （10）

　第三节　形意拳的作用 …………………………………………… （11）

　第四节　形意拳的练习方法 ……………………………………… （17）

　第五节　怎样练好形意拳 ………………………………………… （18）

　第六节　形意二十四法之用 ……………………………………… （23）

　第七节　形意拳练功秘籍 ………………………………………… （25）

第三章　孙禄堂式形意拳基础训练 ……………………………… （29）

　第一节　三体势桩法 ……………………………………………… （29）

　第二节　基本拳势 ………………………………………………… （32）

第四章　孙氏形意五行拳 ………………………………………… （35）

　第一节　劈拳学 …………………………………………………… （35）

　第二节　崩拳学 …………………………………………………… （46）

　第三节　钻拳学 …………………………………………………… （54）

第四节　炮拳学……………………………………………………（ 61 ）
　　第五节　横拳学……………………………………………………（ 69 ）

第五章　五行连环与五行生克……………………………………（ 77 ）
　　第一节　五行连环拳………………………………………………（ 77 ）
　　第二节　五行生克对练……………………………………………（ 91 ）

第六章　孙氏形意十二拳…………………………………………（ 98 ）
　　第一节　龙形………………………………………………………（ 98 ）
　　第二节　虎形………………………………………………………（106）
　　第三节　猴形………………………………………………………（112）
　　第四节　马形………………………………………………………（123）
　　第五节　鼍形………………………………………………………（128）
　　第六节　鸡形………………………………………………………（134）
　　第七节　鹞形………………………………………………………（143）
　　第八节　燕形………………………………………………………（148）
　　第九节　蛇形………………………………………………………（156）
　　第十节　䮗形………………………………………………………（162）
　　第十一节　鹰形熊形合演…………………………………………（166）

第七章　孙氏形意精选套路………………………………………（173）
　　第一节　孙氏形意杂式捶…………………………………………（173）
　　第二节　孙氏形意安身炮…………………………………………（200）
　　第三节　孙氏形意八势拳…………………………………………（229）

第八章　饮水思源…………………………………………………（245）
　　第一节　记孙氏武学第二代传人梁凤祥先生……………………（245）
　　第二节　孙氏武学之刘国新先生…………………………………（247）
　　第三节　我的老师张德海…………………………………………（248）
　　第四节　梁克权先生二三事………………………………………（249）

第五节　忆学拳往事 …………………………………………（252）

第九章　邓氏杂谈 …………………………………………………（255）

　　第一节　法无定法　变亦是法 ………………………………（255）

　　第二节　习练孙氏武学　提高自身修养 ………………………（256）

　　第三节　武学文化论 ……………………………………………（258）

　　第四节　武术"六合"论 ………………………………………（261）

　　第五节　孙氏武学与现代体育精神 ……………………………（263）

第一章 孙氏武学名人简介

孙氏武学自孙禄堂先生创立以来，经过几代门人弟子多年的努力，使得孙门功夫体系在今天得到了空前的普及与传播。在孙氏武学发展历程中，曾经出现过多位师门名家、高人，择其重要人物介绍如下。

第一节 孙禄堂先生生平

驰名中外的孙氏太极拳创始人孙禄堂先生（名福全、号涵斋），原籍河北省望都县任家疃人。1894年随一位县令任职来定兴。因其拳术高明，很快名遍全县。于1896年应我祖父之邀到我家（内章村）施教。最初拜于门下的有伯父孙振川、家严孙振岱等，声势日益浩大，门徒与日俱增。此时，家严亦改世传三代的外家拳为内家拳。

1908年春，禄堂公离开定兴，再次应邀去京另任拳术界新职，伯父及家严等，亦先后被邀赴京任教；后又到江苏等地国术馆任教，直至1933年，孙公与世长辞，终年73岁。孙老先生以毕生精力研究、传授拳术，精于八卦拳、形意拳，并融会贯通，独创孙式太极拳。生前著有拳书多种，其中《形意拳学》《八卦拳学》《太极拳学》《八卦剑学》及《拳意述真》等书为其代表作，至今仍为我们学习、探讨的经典，亦为我们扶正驱邪、防病健身、延年益寿、道德修养和必要的技击攻防等方面，指出了一条正确的途径。

回忆1916年以前，孙禄堂老先生流传于定兴的拳种是形意拳、八卦拳及枪、刀、钩、剑、对拳等。当时享有盛名的拳术家尚云祥，因与孙公为师兄弟，也经常来我家居住，时加指导。在我县先后收留门徒多人，如家叔孙振声、孙振刚、孙振英及东落堡村的肖玉昆、大田村的殷照其等，都是尚公的门生。

1916年以后，禄堂公相继又传给了门徒们孙式太极拳、太极剑、推手等。从此，孙式内家拳（包括各种器械），在我县奠定了牢固的基础，永传后世，并由门徒流传外地，经久不衰。

我是孙禄堂的再传弟子，13岁（公元1919年）便跟家严在家学练武术。1929年至1933年，随禄堂公在江苏省国术馆任教。对于禄堂公武艺武德曾亲见亲历，故将其几件小事录后：

1929年我22岁时，在江苏省国术馆任武术教习。记得是秋季一个星期天的下午4点钟，馆内的学员和教职员工有的回家，有的遛大街，我却独自在正殿练拳。适值师爷也在西配殿前院中打"太极"，师爷练后问我："星期天怎么不出去玩玩？"我即停下来回禀："趁着安静自己下番功夫。""近日练得怎么样了？"师爷接着又问我。"觉得不错了。"我信口回答。"照这样说，最近是大有进步。那么，推手练得怎样了？"师爷边问边慢步向我靠拢。我说："也很有进步。""过来推推看。"师爷的吩咐使我有说不出的自负和高兴。我俩来到院子的中央，他面东我面西，站好"三体势"，搭上手"推"了起来。只觉得他并没费劲，我却脚底下站立不稳。届时，我窥见师爷怀中有隙可乘，马上用足了劲猛来个"右崩拳"。但见老人家不慌不忙，用左手一顺化我右臂，当我又想出左手时脚步再也赶不上去。接着，他一闪身，用轻捷的右手一按我的左膀尖，风驰电掣般的动作使我无暇思考，两脚就像没着地一样，头部向西墙根扎去，顿时，耳边风声呼呼作响，骤生"性命难保"之念。事出意想之外，只觉得右膀背有人急速将我抓起。我自觉败局有缓，仍思挣扎，于是翻身，企图继续出手。这时，老人家用右手拍了我头顶一下，我的双腿突然全部屈蹲，当臀部似着地未着地时，又把我"抓"了起来。随即让我再来试试，我却败北认输。师爷勉励我说："你的拳艺差得还远，回去虚心加倍练习。"切身体验使我深深感到师爷轻妙灵快，实非一般。

在镇江国术馆师爷卧室中（北屋西间），有一天下雨不能按时出教，伯父、师叔、父亲和我等齐聚在师爷屋中谈论拳术和书法。当谈到书法及医学与拳术均有通功相融之理时，师爷拳兴大发，立即抬起两足后跟，足尖着地，同时右脚在前，右手前伸，然后令人拉扯他的前手，连换三人，师爷纹丝不动。我小声对齐德原师伯说："他们不好意思真拉。"师伯笑了笑，让我试试看。我立即前往，先是用力"前拉"，后又猛向"后送"，只见师爷两足同时离地，仅仅后退了半尺，足尖仍然轻轻着地，同时前手略一摆抖，我便腾空而出，仰面朝天倒于师爷的卧床上，惹得哄堂大笑。齐师伯指着我的鼻尖说："怎么样，这回服了吧！"我连连点头称是。师爷捋着胡子喃喃自语道："小小年纪，见过什么场面。"此时师爷的神态，仍是轻松自然，若无其事。稍等片刻，师爷又站立起来，吩咐大家用麻绳把他的小腿和两臂捆起来，他能使绳子抖开。但任何人都不好意思下手，只有徐铸人师叔出头，将胳臂连同身子狠狠对面抱住，代替绳捆。师爷连声叮嘱他"抱紧点"，说罢，师爷略一抖身，师叔便被抖出，两腿腾空而起，复而下落趴在地上，我急忙过去扶起。这时，师叔一言不语，面色苍白，师爷从容地说："马上遛遛，一会就好。"

父亲曾给我讲过有关师爷的一个故事。秋后的一个傍晚，祖父和师爷在我家院内练拳，祖父见天色已黑，便招呼师爷到屋里去练。师爷点点头并让祖父先进屋点灯，当祖父点着灯一看，却见师爷早已坐在屋内炕上，祖父惊奇地问道："您怎么进来的？"师爷说："你进来我也就进来了。"祖父更加疑惑难解，师爷接着说："不信咱俩再试试。"二人又重新走出屋门，在院内散步。稍顷，祖父便说："咱俩进去吧。"祖父仍在前边走，师爷后边跟，当祖父刚走进屋内，但见师爷又在炕上端坐，祖父越发觉得神奇。接着师爷解释道："这不是难以捉摸的魔术，只因我的动作敏捷轻灵。在你掀帘子的一刹那，我早从你腋下的空隙内领先进来了。"自此，祖父对师爷史加敬佩。

1892年5月的一天，孙禄堂老先生（时年30多岁）从定兴县内章村去杨村赶集，路过拒马河。这里河面宽阔，却仅架着一根"独木桥"，单人勉强通过。当孙禄堂老师从北头过桥时，明知南端已有一位60多岁的老人走在桥身，却故意同时相向而行，老人见势头不妙，意图退回。孙老师急忙告诉老人，不要后退，尽管放心北行。他自己边说边信步沿桥南行。当两人在桥上将要接近时，只见孙老师用足尖轻轻一点，飞身而起，闪过老人，同时越过一丈多宽的水面，又轻轻着岸。河两端等候过桥的人，顿时目瞪口呆，惊叹不已。

注：该文原题为《我所知道的孙禄堂先生》。作者为原定兴县政协委员孙雨人先生。载于定兴县文史资料第二辑。

第二节 孙存周先生生平

孙存周先生生于1893年2月，河北完县东任家疃（今属望都县）人，逝于1963年8月。是孙式太极拳创始人孙禄堂老先生的次子，讳焕文，字义轲，号二可。他自幼秉承家教，敏而好学，深得太极、形意、八卦诸拳之精髓，尤以武术技击闻名于世。他文武兼修，16岁始发奋苦修，三年得家学大要。19岁与钱氏完婚，遂黄袱独杖，游历南北数省，交流武艺，所过之处，声誉鹊起。1924年，孙存周先生不慎被盟兄误伤左目，遂闭门用功，数年后，孙存周先生竟臻不闻不见而知觉之境，技击超神入化。1929年浙江省国术游艺大会，存周先生被聘为首席监察委员，后受聘为江苏省国术馆代理教务长。1935年旧中国第6届全国运动会，他被聘为国术评委。抗战爆发，孙存周先生随即参加抗战。历时三年余，大小数十战，强弱悬殊，终被日军击散。

1942年，存周先生潜回北平。不久日本人闻孙存周先生之名，欲请聘。孙存周先生闻讯，避至河北定兴孙振川、孙振岱二师兄处，期间曾多次资助掩护抗日人士。1944年洛阳之役，长子孙保和对日寇作战牺牲，孙存周先生慨然曰："不辱家风"。新中国成立后，存周先生大隐于市，然但凡闻其名而来访者无不惊服而去。孙存周先生自民元出道以来，与各派拳家较艺无数，平生未遇其匹。上海拳术名家褚桂亭叹孙存周武艺绝伦，技击独步，同时代无人能出其右。孙存周先生一生笃技击、好任侠、远浮名、书剑合璧、轻利重义，以其一生对武学研修的苦心孤诣和潇洒超脱、求真忘我的精神境界感召后人。孙存周先生质朴天然，幽默博学，趣意清雅，通诗文词曲，知古乐音律，更好书画，以山水为多，尤善松柏，合以其性。

第三节 孙剑云先生生平

孙剑云是孙式太极拳的第二代掌门人，她天资聪慧、志趣颇广、多才多艺、攻书画、尤精山水，可谓是文武兼修，是出色的一代宗师。师爷孙剑云的个人事迹如下。

孙剑云先生名贵男，字书庭，"一代宗师""赛活猴""虎头少保、天下第一手"孙禄堂老先生之嫡女，孙式太极拳第一代嫡传人。1931年随父赴江苏省国术馆任教。

1957年被聘为中国武术表演赛国家名誉裁判。1959年任第一届全运会武术比赛裁判长。1983年，为继承和发扬其父的武学体系与武学思想，恢复其父曾创建的蒲阳拳社活动，并将该组织更名为蒲阳同学会。

同年创立孙式太极拳研究会，被选为会长，并出任北京市形意拳研究会的第一任会长，北京市武术协会副主席。1984年任北京市西城区政协委员。

孙剑云7岁始父亲传授她武功，至1931年家学已有所成，随父赴镇江国术馆任女子武术班教习。1959年中国第一届武术比赛中被国家体委聘为名誉国家裁判。1962年和1963年在北京市举办的两届武术表演赛中被聘为副总裁兼裁判长。1982年作为特邀代表出席武术工作会议，并作了关于"武术与道德"的专题发言，受到党和国家领导人的接见。

为使孙式太极拳加速普及，先后编写出版了《孙氏太极拳》《孙氏太极拳简化套路》《形意剑》等专著。孙剑云幼承庭训，承父之绝迹，得拳中真谛，同时也继承了其父的高贵品质和尚武精神。无论是身在顺境，还是身在逆境，总是把自己的全部身心都投入到武术发展和传艺之中。在1982年和1984年，她参加了南京、武汉两届国际太极拳表演，其功架纯正、内涵丰富，受到武术界人士的好评。

1983年她一手成立了北京武协孙氏太极拳研究会，并以此为基础，与海内外孙式太极拳传人广泛取得联系。多次到上海、广州、南京等地传艺授徒，并担任四民武术研究社名誉副社长。1985年，孙剑云老师赴日本表演太极拳，在东京、大阪等七个城市讲学，受到日本武术界的高度重视。《孙氏太极拳》一书翻译成日文在日本发行。

1986年孙剑云虽已73岁高龄，又应邀东渡日本讲学。在她的帮助和指导下，国内、国外相继建立了孙式太极拳组织或研究会。美国加州中华武术学院院长赞许孙剑云"灿如繁星集万人视线，明如皎日放一代光辉"。

1988年，在广州举办了孙式太极拳骨干培训班。1991年，在蒲阳国际传统武术大会上，任主席团成员，并被赠予"桃李成蹊"匾幅。同年，还出席了河北永年国际太极拳联谊会，任主席团成员，下场表演，并作了"读孙式太极拳"的演讲，后收入《太极名人谈真谛》一书中。以后历届联谊会，孙剑云老师都作为特邀嘉宾，多次出席并参加表演。1992年，中国武协及中国武术研究院在北京体院召开太极拳推手研讨会，孙剑云老师以耄耋之龄应邀前往，并与到会的诸位名家进行推手交流，在场名家对她推手功夫的技巧精湛、功力浑厚无不叹服。1982—1993年，孙剑云老师曾两下广州，六赴江南，数出关外，授艺教拳，为武术的普及工作做出了很大的贡献。1994年，孙剑云老师随著名武术家、北京武术院院长吴彬赴香港，参加国际武术观摩大会，在大会上表演了孙式太极拳，吴彬院长赠联曰："年高体健惊四座，身轻步捷成明星。"1995年，在首届"中华武林百杰"评选活动中，她被评为中国当代十大武术名师。

她精太极，通八卦，善形意，八卦剑更是深得其父之精髓，曾被当时著名武术家李景林先生誉为"女中魁元"，贺龙元帅也曾赞其为"五朵武花"之一。

第四节　张茂清先生介绍

张茂清，13岁与唐维禄弟子学习各种长拳、形意拳。1968年当兵后，向刘帝然老先生学习八卦身盘掌。1971年转业后，向廊坊张国如老师学习峨眉掌。1974年拜在了傅剑秋的得意弟子王鼎发老师门下学习形意拳。1984年认识了一代宗师孙禄堂的女儿孙剑云，经过了几年的接触，对孙氏武学的理论及德意都有了很高的认识。为了更进一步地完善、充实自己的武学理论，拜在孙剑云大师门下，继续研究形意拳、八卦掌、太极拳，把三拳合一的理论，也就是形意拳的直中、八卦拳的变中、太极拳的空中，形意拳的守一、八卦掌的万法归一、太极拳的抱一，融合在中和之中，也即融合在孙式太极拳武学之中，从而领会了孙氏武学奥妙之深、武学文化之广。通过练孙氏武学，可以使人永远有一个健康的心态和一个对武术文化的深奥追求。练武并不仅仅是肢体动作，盘架走式重在以内心领会，哪些是真正的拳理拳法，什么时候叫德艺双馨，只能通过武术的内在文化的理解，认识到武术文化不光是身体的健康，重在心理的健康，只有达到内外兼修，才能够领悟到真正的武术文化与人类健康的重要性。多年来，通过练孙氏武学和老师的教导，认识到武学文化的发展，对人类的健康起到了非常重要的作用。因此在孙氏武学的发展上，他按照老师的意愿，把全国孙门团结起来，自筹资金，在老师逝世后，2003年行车五省两市，拜访了全国各地孙门同仁，进行了切磋交流，对孙氏拳的发展起到了促进作用和团结作用，从而孙氏拳有了新的沟通和更多的交流。

在全国孙门的高峰论坛表演赛上，任副总裁判长、总评判员。在全国孙门交流赛上，作为天津孙氏代表队，取得了全国孙门的最好成绩，并在大会上进行形意拳的名家表演。在河北保定地区的孙门四次研讨交流中任裁判长。在天津武术协会的带领下，多次代表天津市，任领队参加国际、国内各大赛事，个人得奖杯20余个，金牌、银牌数枚，集体奖杯、奖牌得到了十多个。

多年来在天津武术界，他担任了天津市武协副院长主席、孙氏拳研究会会长、滨海新区常务副主席、孙氏武学国际联合会副主席及执行主席、天津市宁河县武协主席、镇江市孙氏武学研究院名誉院长、天津中华武士会会长、武当山十佳武术名师、中国武术八段等。在执着武术的基础上，他还同时投身于企业，现任天津市茂清建筑工程有限公司董事长、天津市茂清生猪养殖专业合作社社长。

第二章　形意拳学总论

形意拳是中国传统拳术中的内家拳拳种之一，是以锻炼内在的精、气、神、意、劲为宗旨的拳术。由于形意拳刚柔相济，内外兼修，使内意、内气、内劲与外形、外气、外力相结合来进行锻炼和运用，所以又称为"六合拳"。

第一节　形意拳概述

有内无外不成拳，有外无内不成术。形意顾名思义，就是外形与内意的高度统一与结合。内为养身之术，形为运动之道，形意拳是培其本而壮其体，实其内而坚其外的内外兼修的拳术。所以练形意拳，不但能够壮骨坚肌、洁内华外和伸筋拔力，而且有改变人体气质、增大肺活量、疏通脉络、促进新陈代谢等强身健体、益寿延年的功能。同时，还有锻炼意志、培养勇敢精神、易拙为巧、化滞为灵的作用。还可以防身自卫，是技击性比较强的一种拳术。它强调生生不已，变化无穷，法无定法，顺其自然，可练至天人合一之境界。用老子一句话：人法天、天法地、地法道、道法自然之大成。

形意拳术有武艺、道艺之分，在三体式之中又有单重与双重之别。求武艺者，重力而轻意，重刚则轻柔，重阳而轻阴，重魄而轻魂；求道艺者，则重意而轻力，重柔而轻刚，重阴而轻阳，重魂而轻魄。拳经云："神人（即出家人）不以体魄用事，故养魂而弃魄，勇夫只知有身，故养魄而弃魂。圣贤重魂轻魄，故以魂制魄；勇士重魄而轻魂，故以魄制魂，此养气之大别也。"这便是武道之别。

然而，形意拳是弃魄养魂，还是弃魂养魄呢？拳经中云："此皆非形意拳养气之道。形意以身体为运动，故不能舍魄以养魂，如舍魂而养魄，复不能尽形意之能事。就是说轻魂则变化不灵，轻魄则实力不厚，必魂魄并重，乃尽形意养气之要功也。"说明了形意拳是既不可不求外形、外气、外力，更不可不求内意、内气、内劲，必须是内外兼修。体魄即外体也，身体；魂即内在也，精神、思维、灵魂、心与脑。刚柔相济、魂魄并重、阴阳相伴，方能复形意拳之本来面目。

第二节　形意拳的特点

形意拳的动作简明朴实，直出直入。练习时讲究力意相合，行动走架要身正、步稳，意到气到，意到力达；而且一招一式都要从实战出发，不图好看而故弄花招。

形意拳强调以桩步为基础，以单式基本拳法为操练手段，以爆发力为劲力核心，以先刚后柔、刚柔相济为锻炼程序。形意拳的特点总起来为八个字：严谨、沉稳、协调、完整。

严谨。是说它的基本动作势正招圆，节奏分明。上肢动作大都是两臂一伸一屈，一上一下，起钻落翻，纵横反复；下肢动作则是进退闪转，虚实变化，轮换动作。每个动作都要求四肢与躯干配合严谨，达到"脚手齐到才为真"。出拳时两肘护肋，两手护心，所谓"出洞入洞紧随身"；出脚迈步时要裹胯护裆，屈膝扣足，步法要敏捷而稳定，旋转动作要求迅速而以腰为轴。

沉稳。形意拳讲究刚柔相济，要求宽胸实腹，即向下沉气。练习时注意竖项、沉肩、坠肘、松腰、屈膝、扣指，达到上体宽舒，下肢稳定。整个动作既不松软飘浮，也不僵硬板滞，灵活而又沉稳。

协调。形意拳要求的协调有它独特的风格和特点，行功走势处处连贯，式式整齐，尤其强调全身各部位动作的骨骼、肌肉系统受到锻炼，同时也使中枢神经系统得到良好的锻炼。

完整。是讲外部的头、躯干和四肢动作的和谐统一，内部的意、气、力协调配合。无论是伸缩还是纵横、起落、旋转，都充分体现内外结合、动静自如、完整不懈，达到"内三合""外三合"的规范要求。

形意拳刚中寓柔，动静分明，形意合一，而且动作整齐、简练、清晰，身正步稳，经常习练，有助于发展人体的力量、速度等身体素质，更能提高人的进取意识和技击艺术。这些都充分体现了形意拳的特点。

凡拳术，都有各自的运动特点，论技术，都有各自的独特之处。形意拳术通过桩功、五行、十二形以及趟子双手、交手（散手）的扎实严密的操练，练习各种上法、顾法、开法。桩法功效为"脏腑清虚，经络舒畅，骨健髓满，精气充足"，神经敏锐，以神意运动，舒展四肢百骸。练习神、意、气、力，从无为达到无所不为，使人反应迅速，动作敏捷，但必须得其要领，还要慢慢练，可增内力之妙。达到体呼吸，正是形意拳通道的法门，深刻领会悟其道，方可学得成功。无为能站出灵感来，有为得站空了自己才行，有空空洞洞最难求之说。

第三节　形意拳的作用

一、形意拳的健身作用

形意拳是一种动静兼有、养气修身、有益于身心健康的体育活动，对人体的各个系统器官、组织都有很好的锻炼作用，能够全面提高人体的素质。在五行拳的锻炼中，要求身正步稳，劲力完整，而且强调动作、意念的呼吸紧密配合，势正招圆，清晰和谐。在十二形的锻炼中，通过各种伸缩跳跃和起伏转折，使肌肉韧带得到更加全面的锻炼。为正确地完成这些动作，要求腹肌、背肌乃至指、（趾）肌、骨间肌肉均需发出协调的弹性力和抖擞力。因此，经过长期的训练，周身的肌肉就会逐渐丰满，富有健美的外形和坚强的活力。来回抓握钻挫，摩搓，蹚泥踏、踩、蹬等都有麻、热、凉、胀、吸力现象，起到保健身体的作用，这叫气功，可以达到青春美丽的面容和健康。身体有生命波、能量、静电、末梢神经等，这是原理。"肺动陈雷惊，肺主声，肺气宜清，如金属般铿锵有声"。肝的特性是怕郁结，要像树木般得到舒展，肝急火焰威。生命的本源来自水，而肾属先天的本源，肾动快如飞。心推动气血，温暖整个人，心急则生力。脾主消化吸收，滋润身体，如大地孕育万物，脾动则力攻。

形意拳的锻炼效果，首先是通过神经系统调节功能的加强而获得的。它的每个动作，都要求眼到手到，手到脚到，脚到身到，周身一气，四肢协调，精神贯注，神形合一，以意识引导动作，这就使人的大脑皮质在活动中处于有规律的兴奋与抑制状态。通过长期锻炼，自然能对中枢神经和大脑的功能起到良好的锻炼作用，从而加强了对全身各系统的调节功能。由于这样精神贯注的活动能使大脑皮质的其余部分充分抑制，所以，在工作之余适当地练几趟形意拳，不但不觉疲倦，反觉周身舒适、精神愉悦，这对于从事脑力劳动的人来说，更是一种积极性的休息方式。因此，前人有"一练忘千忧"之说。

形意拳的命名，是象形取意的意思。它的基本内容是五行、十二形。所谓五行，即劈拳似斧属金如劈物；崩拳似箭属木如箭离弦；钻拳似闪属水如闪电般；炮拳似炮属火如炸药爆发；横拳似弹属土如惊弹力般。五拳五物还有五脏："肺、肝、肾、心、脾"；五官："鼻、眼、耳、舌、口"；（五窍）五体："皮、筋、骨、脉、肌"；五腑："大肠、胆、膀胱、小肠、胃"；五色："白、青、黑、赤、黄"；五味："辛、酸、咸、苦、甘"；五音："商、角、羽、徵、宫"；五气："燥、风、寒、暑、湿"。练功还有方位："西、东、北、南、中"；季节："秋、冬、春、夏、长夏"；五法："火进、水退、木顾、土定、金盼"；天干："庚辛、甲乙、壬癸、丙丁、戊己"；地支："申酉戌、寅卯辰、亥子丑、巳午未、辰戌丑未"。

通过五行拳、十二形拳单练和双人对练等有意识的长期锻炼，模仿各种动物的本能特长，检测身体四肢、躯干和周身环境的变化，可增强神经末梢感知能力，再经过神经迅速准确地传导，引起大脑细胞的功能强化，然后，经过大脑的综合分析所择出的最佳信息，又不断地通过垂体传导给各部组织，从而可提高人体对环境的适应能力、对事物的感觉能力和对变化的反应能力。同时形意拳刚柔兼有、快慢相间、动静有常的要求，自然使它富有鲜明的节奏性，具有自制力。这种节奏性的演练可以有效地调节植物神经的功能，使之易于达到和处在一种最佳的稳定状态中，来适应和处理外界环境的各种影响、刺激和异常变化，从而提高人体在工作、生活实践中的各种能力。

形意拳对内脏器官和呼吸器官的机能也有很好的调节作用。它在整个活动中要求宽胸、实腹、气沉丹田，这种有意识的深长呼吸，增加了横膈上下运动的幅度，不仅加大了肺活量，而且加强了腹腔内脏器官的蠕动，加速了腹腔的血液循环，使腹腔淤血易于吸收，从而调节了消化腺的分泌，促使了食物消化，因而增强了胃肠功能。另外，通过运动来增加心肌收缩力，加速肾脏血液，这对增进人体新陈代谢是十分有益的。

练功养气传统说法：

早晨面向东方。当旭日东升、朝霞烁彩之时，空气异常新鲜，嗅之有清香之味，吸入脾肺腑，换出泄气，吐故纳新，对于养生练气自然是一种美妙感受。

当夕阳西下之时，面向正西。天气由发而收，心气由动而静，饮夕阳肃降之晖，济心肺燥之气，引之渐入于宁静，饮滋味，非言语所能形容。

午时练功面向正南，此时离火当空，天君当令，宜静而不宜动。用静动而小血流通快者归于慢，慢着行于快，调整阴阳，归于平衡之境，心安理得，动静咸宜。

子时（夜11点～次晨1点）练功，面向正北。金元名医李东恒云："夜半收小，静坐片时，此生发元气之大要也，按八卦方位，北方为壬癸水，半夜练功面向正北，取坎中之满补离中之虚，则水即济而诸疾消除，谓之取坎填离。以传统学说，说明了一定道理。"

先天功的练功时间：练先天功以子、午、卯、酉四个时辰为宜，即早五至七时，午十一至十三时，下午十七至十九时，晚二十三至凌晨一时。

总之，通过长期的锻炼，可以全面地提高人体的力量、速度、耐力、灵敏和柔韧等身体素质，同时能锻炼坚强的意志，养成良好的习惯。

二、形意拳的技击性

形意拳的拳法和套路是根据攻防技击的规律编制的，一招一式都从实战需要出发，强调练即为用，用即为练，在培养人的攻防意识和战略战术上有明显的效果。它的基本要求有阴阳变化，技法多样、攻守合一、以硬制长、后发先至、以己为主、整体应用、卷固劲猛、形整势齐、心清气静、气沉丹田、内外六合、三尖相照、指趾相抓、合胯裹膝、敛臀提肛、塌腰正脊、膝屈掌撑、舌抵齿叩、沉肩垂肘、含胸拔背、顶头竖项。

（1）就用法而言，也要因人而动，见机而行，临敌制胜，全在一心。如是强敌，用硬打硬进则成功较快，如虎形、马形、熊形各有在这方面的练法。如遇名家高手，则智勇而取，像鸡形多有这方面的练法。情况不同，何能死用，场地不同，何能教条，形意拳中的五行具有生克之理，十二形则形神合一，刚柔相济，用得合适，才能合适，才能奏效。形意拳前辈常说："有功无艺杜费心，有艺无功一场空，功艺相合，齐整功自成。"功大要自己持之以恒地操练，艺术要名师。认真指导，只有在扎实的功夫基础上，再经名师指点用法，才能在形意拳术中求得一个"整"字，向炉火纯青的高峰攀登。

十二形歌诀

龙形歌诀：龙形属阴搜骨能，左右跃步用柔功。双掌穿花加起落，两腿抽换要灵通。

虎形歌诀：虎形属阳力勇猛，跳涧搜山它最能。抢步起时加双钻，双掌抱气扑如风。

猴形歌诀：猴形轻灵起纵轻，机警敏捷攀枝能。叼绳之中加挂印，扒杆加掌向喉中。

马形歌诀：马有垂缰疾蹄功，跳涧过步速如风。丹田抱气双拳裹，左右双冲是真情。

鼍形歌诀：鼍形最灵浮水中，左右拨水是真形。又有钻意加侧打，左顾右盼拦中用。

鸡形歌诀：金鸡报晓独立能，抖翎发威争斗勇。独立先左后右意，食米夺来上架行。

燕形歌诀：燕雀轻盈抄水能，向后展翅快如风。上托提撩三抄水，全部动作要轻灵。

鹞形歌诀：鹞有束身入林能，又有翻身钻天功。先从束身后入林，钻天翻身前后同。

蛇形歌诀：蛇体玲珑拨草轻，屈伸如意蟠绕能。左右斜拨是靠打，横劲原由坎中生。

鹛形歌诀：鹛性最直能竖尾，上架下落用拳行。展翅之中有换式，虚心实腹真道成。

鹰形歌诀：鹰张烈狠捕捉能，上似劈拳下捋功。左右行之可进退，钻翻采捋是真情。

熊形歌诀：熊态沉稳威力猛，外阴内阳升降中。裹翻之中有横拳，左右斜行起落从。

鹰熊合演：鹰熊合演拳掌变，起鹰落熊走两边。钻时提足须含意，落时劲贯毫发间。

（2）形意拳在实战中，要求快攻直取，先发制人。拳谚说："当场不让顾，举手不留情，遇敌好似火烧身，临危不惧，心平气沉。"强调"能在一思进，莫在一思存"。在战略上要树立克敌制胜的坚强意念，"打人如走路，看人如蒿草""锻炼时无人当有人，交手时有人当无人，怒目圆睁势逼人"。在战术上要能够灵活多变和突出战斗的进取精神，"进也打，退也打，进退都打"，要求"气连心意随时用，打乱身势无遮拦"，不打便罢，打即打准、打狠，使其不可招架，无可躲防。

（3）形意拳强调手疾眼快，不仅要快速突然，"起如风，落似箭，打倒还嫌迟"，而且要掌握好时机火候，"乘其不备而攻之，相其不意而取之"。进招取势讲究"看意莫露形，露形必不赢""蓄意须防被敌察，起势好似卷地风"。注重主动、进打、快取，"进即闪，闪即进，出手击人莫远寻，变化就在一寸中"。同时，出脚进招要夺取有利地位，所以拳谚说："脚踩中门往里闯，就是神手也难防。"

（4）形意拳在技击上还十分强调知己知彼，智勇取胜，勿以创劲、攻劲、拼劲而险入。创劲太强易于露形，攻劲太死难以变化，拼劲太足难以展接。与敌交手不可拘使成法，而要相机变化，避实补虚。彼进我退，彼退我进，彼刚我柔，彼短我长，彼长我短，视其真假虚实而应之。做到拳无拳，意无意，无意之中是真意。对敌察颜观色，攻防结合，能随机应变才算上乘。

（5）形意拳散手歌诀，堵、截、追、闪、空、化。还有八字功，即斩（劈拳）、截（钻拳）、裹（横拳）、挎（崩拳）、挑（燕形）、顶（炮拳）、云（鼍形）、领（蛇形）。

斩：左右劈挂斩如翻，上步虎扑加头钻（斩者，展者，宽之意，即拓张手足也）。

截：擒拿肘中劈截肩，一阴一阳左右换（截者，裁者，以裁退敌手也，此节最见身法）。

裹：裹肘刮地加肘搥，肘打去意在腰间（裹者，围裹也，裹敌人手使失其盗用也，身旋而力柔，有以柔克刚之妙）。

挎：肩胯打意紧相连，左挑右肘莫等闲（挎者，跨者如跨马之势，是言其形也，实则托跨成势）。

挑：刮腿之中挑向前，外加肩肘膝顶是真传（挑者，挑之力在肩与腿，与蛇形相类而手稍高）。

顶：白鹤亮翅左右翻，裹挑之中肘相连（顶者，顶之力在头，故此以挺头垂肩为好）。

云：上鹊下刮手脚连，双冲变马拳上膝（云者，《说文》云，从雨云，像云回转之形。今所用者，即惜其回转之意，其两掌皆如行云之飘忽焉）。

领：左右领阴阳换，上钻下打俱用拳（领者，受也，顺势而领取也）。

歌诀：起手鹰捉是真传，勾挂之中把敌斩。上步横肘是截意，退步裹肘原是三。肘胯双行侧急猛，金鸡上架挑意翻。白鹤亮翅换步顶，云领式中腿相连。

（6）形意拳在技击上强调头、肩、肘、手、胯、膝、足（谓之七拳）相互关联，互为配合，处处可发。距远便上手，近来便加肘，远了使脚踢，贴身便使膝。脚打七分手打三，五行四梢要合全。真真假假，虚虚实实，总以我为主。任我千变万化，致敌团团招架，使其难以捉摸，无可躲防。头、肩、手、胯、膝、足，无论使用何法，都要"拳打三节不露形，如见形影总不成"。这在技击上必须心领神会，只有经过长期训练和反复实践，才能得心应手，达到运用自如的境界。

打手歌一：

1. 打法定要先上身，脚手齐到方为真。拳如炮形龙折身，遇敌好似火烧身。

2. 头打起意站中央，浑身齐到人难挡。脚踩中门夺地位，就是神仙亦难防。

3. 肩打一阴反一阳，两手只在暗处藏。左右全凭蓄势取，缩长二字一命亡。

4. 手打起急在胸膛，其势好似虎扑羊。沾实用力须展放，两肘只在肋下藏。

5. 胯打阴阳左右便，两足交换需自然。左右进取宜剑劲，得心应手敌自翻。

6. 膝打要害能致命，两手空恍绕上中。妙诀劝君勤练习，强身胜敌乐无穷。

7. 脚踩正意勿落空，消息全在后足蹬。蓄意须防被敌觉，起势好似卷地风。

打手歌二：

1. 拳打三节不见形，如见形影不为能。能在一思进，莫在一思存。

2. 能在一气先，莫在一气后。胯打中节并相连，阴阳相合得之难。

3. 外胯好似鱼打挺，里胯藏步变势难。膝打几处人不知，好似猛虎出木笼。

4. 和身转著不停势，左右明拨任意行。臀尾打，起落不见形，好似猛虎坐卧洞中。

注：《内经》上说："肺气通于鼻"。道家认为，男子解小便时咬紧牙关，有健齿益肾的作用。

第四节　形意拳的练习方法

一、贪多求快弊疾多

形意拳以三体势为基本桩法，以劈、崩、钻、炮、横五拳为基本拳法。其拳势虽简单，但要练得合乎要求却非易事。初学者往往视其容易而贪多求快，忽略了扎实的筑基功夫，因而事倍功半，甚至走了弯路。特别是三体势站桩，往往因简单枯燥而不愿坚持，殊不知此乃形意拳之根、万法之本也。正确的做法，应该是先站桩筑基，再练拳学法，即使对于锻炼身体有素的人，也还应该是经常站桩，以固基本。

在学练五拳的过程中，必须按照一拳一势的规格要领，练好一拳再学一拳。如果一味贪多求快，急于多学花样套路，必然是依样画葫芦摆空架，画虚道，不仅架势动作似是而非，而且身体机能也提高甚微。底功基础扎不好，套路就练不出味道，而且，错误的动作姿势一经定型就很难改正。所以老拳师都有"学拳容易改拳难"的体会，告诫后学者要循序渐进，精学多习。

形意拳，形者，形象也；意者，心意也。人为万物之灵，能感通诸事之应，是以心在内，而理周乎物，物在外，而理具于心。意者，心之所发也。是故心意诚于中，而万事形于外，内外相感，不外一气之流行。故古人创拳，其旨在养气，在益力，动作简而功用无穷，故名之曰"形意拳"也。

形意拳无极歌：混沌一气内外修，泾渭不分至道由。空洞自然凝神静，化虚还原此中求。

形意拳之基础——九极歌：人生太空，无争无竞，意境浑然，不着踪影。

形意一气。无极本混混沌沌，无形无意，而其中却含有一气，其气流行宁内，无所不至，而生机萌焉。名曰"一气"，亦曰"先天真一之气"。

由是气而升两仪，而天地始分，阴阳始判，人类亦于是乎产生。故是气也，实为人类性命之根、造化之源、生死之本。人能养是气而保之弗失，则长生。断丧之而听其涣散，则夭死。

"形意拳"者，是以后天人为之锻炼，参阴阳，合造化，欲旋乾转坤，由后天反先天，保养是气，而使之登于寿域者也。故是拳虽变化万端，玄妙百出，若概括言之，总不外乎"练气"二字而已。

形意拳两仪。两仪者，由一气而生，即天地也，亦即阴阳也。独阳则不生，独阴则不长，阴阳酝酿，而万物化生，此天地自然之理也。人生亦一小天地也。凡四肢百骸，一举一动，无一不可以阴阳之分也。阴阳和，则体健而动作顺遂；阴阳乖，则体弱而举动失措。盖阴阳由"先天真一之气"而生。然饮养此先天真一之气，而保持不失，一必先自阴阳调和始，此习"形意拳"者不可不知两仪者也。

二、一曝十寒功效少

学练形意拳一定要坚持经常，持之以恒，有计划、有步骤地按时训练。如果三天打鱼两天晒网，毫无规律，或者心血来潮，不管饥饿疲劳，练得筋疲力尽，或者一搁数日，时断时续，运动量忽大忽小，这都会使人体的关节、肌肉、内脏器官等无法有效地适应，甚至出现损伤。

形意拳三体。三体者，天、地、人三才之象也。在拳中为头、手、足是也。三体又各分为三节，内外相合。头为根节，在外为头，在内为泥丸宫是也。脊背为中节，在外为脊背，在内为心是也。腰为梢节，在外为腰，在内为丹田是也。又如肩为根节，肘为中节，手为梢节。胯为根节，膝为中节，足为梢节。是三节之中，又各有三节也。此理乃合于六书之九数。丹书云："道自虚无生一气，便从一气产阴阳。阴阳再合成三体，三体重生万物张。"此之谓也。

第五节 怎样练好形意拳

一、领会拳理

十二形为龙、虎、猴、马、鼍、鸡、鹞、燕、蛇、鹘、鹰、熊诸形，取十二种动作搏击之势而创成拳。其中的虎形，即岳飞所传的著名手法"双推手"。龙有搜骨之法，虎有捕食之勇，猴有纵山之灵，马有疾蹄之功，鼍有浮水之精，鸡有欺斗之勇，鹞有入林之巧，燕有抄水之灵，蛇有拨草之功，鹊有竖尾之力，鹰有抓拿之精，熊有竖项之力。

五行、十二形动作简练，取直进路线为主，并且都是单式练习，即同一动作分左右反复练习。实践证明，这种单式练法乃是领悟拳理的最好方法，其他如太极拳、谭腿等也都注重单式练习，以此作为练武的不二法门。武艺是以气用力，道艺是以神用气，更高一筹。形意拳是道艺，不要力胜，要以智取。练武练的是心智，身子挂在手指，眼睛盯着梢节，冷静。无形要从有形里练出来，走翻浪劲，练拳能闪能进，训练攻偏门，修出灵性来。内劲是虎，身法是龙，功力足还要智慧深。如拳从口出，拳从腰里升上自己的嘴跟前，再递出去。这个练法很妙，调动人精神来打中线，练拳时得有个冲击点，点子对了，拳架才能整，能打在自己中线上，全身的力量就上了拳头。明了拳从口出，如犁行，就找着了六合。练武之人一定要有"感知力"，就是敏感，有了敏感才是形意拳的功夫。

有了敏感能生力，犹如野兽咬东西尾巴就炸开一样。尾椎子会吃惊，脖颈子会吃惊。眼睛在正面，人在眼前做事，前身人人都不钝，只有后身敏感了，才能快人一筹。练马形是练脊柱，容易出整劲，不是翻胳膊，而是要把整个身子的重量从这边翻到那边，两手齐出，变化无穷。

两肱圆则气到丹田，可以养生出内劲，有身轻力厚之妙，肱，是两臂内侧的肌肉，两臂通着呼吸，两肱伸展，胸就含住了，气息就能向下深入。鸡形头打，燕形足打，一般是含着。"头打落意催足走"是个杠杆力，脚下找着定位，头上就找着了落点，杠杆一翘就打了人。头得跟步子配合，方能练出来。

"去意好似卷地风"。卷地风是吸着地转，形意拳脚下要有吸力，一出就踩，吸着地动脚。练猴形蹲身要聚精会神，全神贯注重要窍门。在形上讲，蹲身对浑身筋骨都有好处，但要是不动意，功夫练不成。蹲身时，要让肉体联系上精神，神不练光肉练，尾椎是惊不了的。缩身、团气、凝神、惊尾椎，这就是猴蹲身的精义了。蹲身练膝盖，扬身膝击，名"猴挂印"，这一蹲一扬，正如劈拳的一起一伏，也如崩拳的一紧一弛。

与五行、十二形相应的连贯套路是五行连环掌、八势拳和杂式捶，双人操练的对子是五行生克拳和安身炮拳。如何成拳，要含之于内的意，可发之于外的形。所谓"心有灵犀一点通"，眼神就是这个灵犀，所以才有生机、有活力。练拳时挤膝摩胫，劈拳能抓回来，一发就缩才对，因为有回旋劲。一去不回头的拳头打不了人，只有千锤百炼，达到一定的境界才是武术之经典。"久养丹田为根本，五行四梢气攻人"，首重神气，所以眼神很关键，身子步法跟着眼神走。

鼍形手势是八字诀，大拇指和食指张开，后三指握着，像比画数字"八"。八字诀上挑，猴捅马蜂窝般挑敌眼。但握八字不这么简单，拳头也能挂腿，能把手臂的劲挑通了，比武灵动、奇速。挤膝摩胫是练大腿根，大腿根有爆发力，练内功拳能开发智慧、产生灵感，悟到了就出神力。

关于形意拳的拳理，郭云深曾作过精辟的论述。他指出，练形意拳有三层道理，即练精化气，练气化神，练神还虚；有三步功夫，即易骨、易筋、易髓。用现代的话来说，是指锻炼身体的程序是由外及内，由躯体到精神。为此他又阐述了明劲、暗劲、化劲的三步练法。第一步是明劲，练时以刚劲为主，一招一式务求悉合规矩，身体动转要和顺而不可乖戾，手足起落要整齐而不可散乱。明劲练成之后，第二步是暗劲，是由刚转柔的阶段，练时神气要舒展而不可拘，运用圆通而不可滞。第三步是化劲，练时起落进退均不着力，专以神意运用。形意拳练到这个程度，才达到炉火纯青之境，此时拳家应变之快，如响斯应，所谓"不招不架，只有一下"。当年郭云深本人曾以"半步崩拳打遍天下"而名震全国。"崩拳有九，钻拳有六"之说，一个事前手压住对方，扯带得后手撺锥子似地撺进去，另一个前手一晃就撞在他后手上了，变魔术一般，不是障眼法，而是他换了身形。

练劈拳完毕，一定要眼往上翻瞟，一个是去心火，气不撞头，不损坏眼睛。站桩也如此，不要往下低头看，否则不健康。还得勤溜达，这样全身放松，行气行得好。如人爬上山顶，累得疲惫不堪，但目光一远眺，身上就轻松，达到浑圆的原理。歌诀"消息全凭后脚蹬"，先提肛，腰上就来劲，腿上跟着来劲，后脚蹬是腰上的消息，不是用脚跟蹴地。形意拳术提肛是练身法的关键，肛门有松有紧，臀部肌肉就活了，两腿方能"速巧灵妙"。功夫出在腿上，腿上出了功夫，拳头的冲撞力就大，腿快打腿慢的人。孙禄堂"赛活猴"就是以腿快著称。所谓"大势所趋"，练的是身法的动态趋势。抡着胳膊打人，不是形意拳。扑着身子打人，犹如虎豹，窜出去一丈是这个势头，略微一动也是这个势头。劈拳虎形，就是身子往前一扑，又把自己拧拉回来，身子刚缩，又把身子推出去，一推就转了身。换劲变步，均无倦意，一起伸懒腰的动，是一种天然之动。"荡荡流行，绵绵不息"。正如太极拳抱虎推山，练变化才能出功夫。天然之动有神气，丹田气实之妙，发劲有"弹簧、鼓荡、吞吐、惊抖"之机。

沉重力道是轻着练出来的，好比走钢丝，脚一用力就摔下去了。但想"轻"，得更用力才能轻得起来，不是在一个劲上加分量，而是多加上几股劲。走钢丝为控制平衡，得调动全身劲道，敏捷变化，既不能踩实了钢丝，也不能踩虚了，掌握火候，方能练出功夫。

二、练拳要领

为练好形意拳，必须掌握它的动作要领，这些要领可归纳为九歌八要。

九歌：

身。前俯后仰，其式不劲，左侧右歆，皆身之病，正而似斜，斜而似正。
肩。头宜上顶，肩宜下垂，左肩成拗，右肩自随，身力到手，肩之所为。
臂。左臂前伸，右臂在肋，似曲不曲，似直不直，过曲不远，过直少力。
手。右手在肋，左手齐胸，后者微扬，前者力伸，两手皆覆，用力宜均。
指。五指各分，其形似钩，虎口圆满，似刚似柔，力须到指，不可强求。
股。左股在前，右股后撑，似直不直，似弓不弓，虽有直曲，每见鸡形。
足。左足直前，斜侧皆病，右足势斜，前踵对胫，随人距离，足趾扣定。
舌。舌为肉梢，卷则气降，目张发竖，丹田愈沉，肌容如铁，内坚脏腑。
臀。提起臀部，气贯四梢，两腿缭绕，臀部肉交，低则势散，故宜稍高。

注：此乃摘录，是前辈高人的习武心得，是先人心血的结晶。形意拳难练更难精，"要学形意拳，先站三年桩"。虽然《九歌》讲的主要是形意拳的桩法，但拳法中又何曾不包含有这些呢？

八要：

我们在很多拳谱上都能看到"形意拳法八字诀"。顶、扣、圆、敏、抱、垂、曲、挺。而八字又各分为三，所以有人把八字诀叫作形意二十四法。无论三体势还是拳势站定时，此八字皆须具备也。所以蓄力养气，使敌我者无所措使。斯亦五行拳所持有者也。

（1）三顶。头向上顶，有衝天之雄。头为周身之主，上顶则后三关易通（尾闾、夹脊、玉枕）。肾气固之，上达泥丸以养性。手掌外顶，有推山之功，则气贯周身，力达四肢。舌尖上顶上牙堂（上腭），有吼狮吞象之容，能导上升之肾气，下行归丹田以固命。明了三顶多一窍。

注：欲求身体之健康，首要锻炼筋骨。骨者，生于精气，而与筋连，筋之伸缩，则增力。骨之重者，则髓满（髓是人之精也）。筋之伸缩，骨之灵活，全系锻炼。头为五阳之首，尾闾为督脉之门，头宜上顶，尾闾中正，则精气透三关。头发根耸起，血气沸腾，好像大鹏鸟随时可冲天而起，令人勃发英雄气概，"虽微毫发，力能撼山"。舌头掀起，浑身肌肉振奋，丹田壮力，肌肉似铁。而且舌一顶住上牙床，牙就咬紧了，牙紧手则快，比拼果断。这顶舌切齿，还要有个舌根一颤，能发出狮子般巨吼的意念，但不真吼，含在嘴里如滚滚的雷音。身子扑出去的时候要有个狂劲，好像狮子张口，哪怕是大象也要把它吞了，不是真张嘴，但嘴里要咬着劲，有了这般狂劲，能摄敌之魂魄。牙之功用，令人胆怵。手指甲里的肉顶着指甲，遍体筋都牵颤，不但手指要顶，脚趾也要顶，缺一不可。人往往一顶就僵，找一点儿手脚尖冰凉的感觉，就自然顶上了。人生气的时候，会气得手指发抖，这是牵颤了筋，即便没练过武的这时打一拳，练过武的也很难承受。爪之所至，立生奇功。道家强调"真"，强调清静无为，强调人与自然和谐统一，达到返璞归真的目的，即所谓"人法地，地法天，天法道，道法自然"。中国的中医与气功皆源自道家，此外服气、炼丹及道家养生之道，道家占卜与预测之准确则让人叹为观止。大道修炼者更有肉身成道、羽化成仙的神迹。在世间层面，当今天人与自然的关系越来越对立，环境问题成为全球最重要的话题之一时，道家思想也引起了各国学者的重视，更显出其特殊的价值。

（2）三扣。两肩要扣（扣胸），则前胸空阔，气力到肘。手背、足背要扣（扣手、扣脚），则气力到手，桩步力厚。膀尖里扣，脚面要往下扣。牙齿要扣，则筋骨紧缩。是谓之三扣，明了三扣多一精。

（3）三圆。脊背要圆，其力催身，则尾闾中正，精神贯顶。前胸要圆，两肘力全，心窝微收，呼吸通顺（背骨要圆，背胸指背筋、胸筋，言圆开气自沉下归丹田）。虎口要圆，勇猛外宣，则手有裹抱力。是谓之三圆，明了三圆多一妙。

（4）三敏。心要敏，如怒狸扑鼠，则能随机应变。眼要敏，如饿鹰之捉兔，能预察机宜。手要敏，如捕羊之饿虎，能先发制人。是谓之三敏，明了三敏多一毒。

（5）三抱。丹田要抱，气不外散，击敌必准（下腹抱气为根）。心气要抱，（胆）遇敌有主，临变不变（心中要抱身为主，心正身正）。两肋要抱，出入不乱，遇敌无险（两肘肱要抱，两肱抱撑，肩窝吐气，开合伸缩，力达指心）。是谓之三抱，明了三抱多一行。

注：胳膊要抱，四梢停（四梢，指四肢的末端，停，指稳定着力）。力达指心，是指手心，属筋。象其形，龙墩目之精，爪之威，虎坐，摇首怒目，胯坐挺膝腰。腰似车轮转，身有平准线；两足心含虚，抓地如钻钻；两股形似弓，进退要连环，骨灵河车转，筋络伸缩如弓弦；身劲动发若弦满，手出如放箭，运劲如抽丝，两手如撕绵；手足挺劲力，扣齿骨自坚；形其意摇，首搅尾间，动如飞龙升天，剪似猛虎出林，纵跳灵空像猿猴，步法轻妙如猫行。得此要素神乎技矣。

（6）三垂。气垂，则气降丹田，身稳如山（腹式自然呼吸）。两肩下垂，则臂长而活，肩催肘前。两肘下垂，则两肱自圆，能固两肋（膀尖、肘尖下垂）。是谓之三垂，明了三垂多一灵。

（7）三曲。两肱宜曲，弓如半月，则力富（两肘臂要曲）。两膝宜曲，弯如半月，则力厚。手腕宜曲，曲如半月，则力凑。皆取其伸缩自如，用劲不断之意。是谓之三曲，明了三曲多一力。

（8）三挺。颈项挺，则头部正直，精神贯顶（登相）。脊背腰挺（腰背挺），则力达四梢，气鼓全身。膝盖挺，则气恬神怡，如树生根（身法要挺分四面，膝盖挺则腿坚马稳）。是谓之三挺，明了三挺多一法。

第六节　形意二十四法之用

一、形意八法

在太极、八卦、形意拳术中，各有其八法。太极八法为：掤、捋、挤、按、采、挒、肘、靠；八卦八法为：搬、拦、截、扣、推、托、带、领；形意八法为：斩、截、裹、挎、挑、顶、云、领。

在用法上太极有粘、黏、连、随；八卦有走、转、拧、翻；形意有起、钻、落、翻。"太极妙中言，八卦制中言，形意直中言"，虽为三家拳，用时三合一，并无高下、好坏之分。

（1）斩中含有粘、展之意；截中含有捷、疾之意；裹中含有果、过之意；挎中含有胯、跨之意；挑中寓有跳、眺之意；顶中寓有定、盯之意；云中寓有勇、涌之意；领中寓有灵、拎之意，共为二十四法。

斩有劈、砍之用，故斩者为之劈拳（金止于劈）；粘有紧贴之意，如蛇吸食；展有舒展之意，进时要粘连，发时要展放，打时须斩劈。

（2）截有截断、拦截之意；捷有快速、迅猛之意；疾有狠毒之意。

（3）裹有缠、包之意，进手好比牛卷舌，两臂好比蛇盘桩，左缠右缠，里缠外缠，左裹右裹，终不离左横右横，里横外横，所以裹为横拳（土止于横）；果为果断之意，宁在一思进，莫在一思存，进要干净利落，退不拖泥带水；过有往来之意，来者为阴，去者为阳，阴阳互易，忽阴忽阳。在步来讲，即有过步之用。

（4）挎有胯打之意，"外胯好似鱼打挺""里胯抢步变势难"，为胯之用；挎有上起挎领之意，其主要用于摔法、打法之中；跨有纵横跨跃之意，讲的主要有步法，纵跨有进退反侧之便，横跨有闪展腾挪之灵。

（5）挑有向上之意，对上来之手，宜用挑托破之；跳有穿奔、跃越之意，故跳讲的是步法；眺有观察、瞭望之意，眼宜观六路，盯着近处，望着远处，瞻前顾后，照护左右。

（6）顶有向前、向上之意；定有安稳之意，"心定神宁、神宁心安、心安清静……"定要如山岳之稳，动要似猛虎之勇，动不可挡，定不可撼；盯有凝神聚目之意，紧盯对方印堂。

（7）云有遮蔽日月光明之意，眼为日月手为云，遮蔽日月光不明；勇者气也，气充精旺则有勇在身，故勇为勇敢，临危不惧；涌者，犹如决堤之水，汹涌而往，有不可抗拒之势。

（8）领者引也，带也，领以顺其势引进落空；灵者灵巧敏捷，与人交手神、眼、耳、手、足、身都要灵，无灵则不迅，无灵则不捷，以灵制僵，以灵制缓，乃胜人之一诀也；拎者提也，是摔法和擒拿术中常用之手。

以上八法，分而言之共为二十四法，合而言之即为四法，即人字合成四字用：一斩则截（疾），连斩带截；一裹则挎，裹挎相和；一挑则顶，一云则领，终不外攻防二法。

二、劈拳与崩拳之用

身如车轴，务须中正，百会会阴，遥遥相照。"崩拳一条线，不偏不离找要点"，是重在一个准字；"崩拳如射箭，打倒还嫌慢"，是重在一个狠字；"连珠崩拳似药箭，拳拳意把敌脏穿"，是重在一个毒字。

劈拳在五行之中属金，其形似斧，故有劈物之意。劈拳在五脏之中属肺，在五官之中与鼻相通，在方位之中劈拳为正西方向，谓之西方庚辛金，在八卦之中为之兑卦，在窍为之大椎，在气为之上焦之肺气，在身躯（包括头在内）之经络为之任督二脉。在上肢的经络中，主要运用的是手少阴心经及手太阳小肠经。阴脉与阳脉、阴筋与阳筋、阴气与阳气、阴劲与阳劲，互相合一即谓之阴阳相合。

劈拳时，真气主要在任督二脉上的循环运行。从呼吸之气来讲，是回手、吞身时吸气，出手、吐身时呼气。例如，由三体势变劈拳时，在前手抓领回来时运动中要吸气，吸气要以意导引深纳于下丹田气海之中。当两拳相抱于脐前时，两拳要攥实抱紧，丹田气同样要相抱成实。当向前起钻出拳时，拳宜松而肘宜沉，丹田气要向后逼肾，以增大腰部（以命门穴为主）的劲力。主后手起钻至胸前，并与前手臂相接相摩时，腰部之劲气应上提至脊（胸椎）。当后足踏进，后手向前劈出时，脊背中的劲气应突透前胸而发，但必须是胸出而闭、腰扭而塌，使整个身躯发出"身如弩手"的弹抖绝劲（注：当劲气上提至脊背时，两肋要随之尽量横向开扩。劲力发出后，肺要缩，肋要合，腰要塌）。

崩拳在五行之中属木，在八卦之中为震卦，在方位之中为正东方，谓之东方甲乙木。在人身之中的窍位为夹脊穴（背后两肘平行线之正中，与督脉十字交叉的正中点即是此穴），在气为肝气，在上肢为手厥阴心包经和手阳明大肠经，在身为带脉，在五官之中通于目。木在崩拳中运用，是将木从形为箭，主取其快速迅猛、冲穿锐利、力能穿林透物之意。

第七节　形意拳练功秘籍

一、外练十二形

形意拳是内家拳，它首先看重于内功意念的练习，故它具有理明、易悟、易成的特点。形意拳的内功练习与一般的静功是相似的，基本要求也是一样的。它也是从站桩开始。形意拳的桩是三体势，在三体势中要求做到外三合和内三合。在外形姿势上更体现出十二形来，要有熊顶、龙项、猴眼、鸟嘴、燕膀、鹰爪、蛇腰、虎胯、鸡腿、马足、龟尾、蛤蟆肚之势。

（1）熊顶是指头部的后脑骨（即百会穴后一寸左右的发圈处）往上顶，像站立的熊似的重心稳重。

（2）龙项是脖子向上伸直，有青龙出水升天之势。

（3）猴眼是指眼睛在站桩时，其精神状态像猴子似的，要外精内灵。在内要内视丹田，要跟随或领着意念精气走，要随着或领着精气、意念进行穴位间的开合或经络的运转。在外要看对方的三尖、重力线的两极（三尖指两肩和头顶）。

（4）鸟嘴是嘴巴像乌鸦的嘴巴似的，要舌顶上腭，气沉丹田。

（5）燕膀是指肩膀像燕子似的沉肩坠肘。

（6）鹰爪是指手型像老鹰的爪子似的，虎口要圆，有擒拿姿势，小指和无名指要自然弯曲，可起携带作用，中指要伸直，有点穴的功能。

（7）蛇腰是指腰椎要垂直于中心，腰关节要自然松开，活动起来灵活，快捷有力，像蛇爬行时的腰椎一样。

（8）虎胯是指坐胯像老虎在纵跳山涧之时往下胯一坐的姿势。

（9）鸡腿是指前脚下为平直，后脚与前脚成45°角。后脚的内侧脚跟在前脚的内侧线的延长线上，有鸡走一条线之势，用以保证自身的重力线落在两脚支撑点的边线上。

（10）马足是指两足像骑马一样。上马时，打开两胯，坐在马背上奔跑时，两足用力夹紧马肚，以防被摔下来。也像一把打开的大钳子，两足的意识直插地下，紧抱地球球心，两胯的意念要通过两膝盖、两足的涌泉穴直指地球球心。

（11）龟尾是指我们的脊椎尾骨的形态要像乌龟的尾骨似的，尾间骨往里收提，谷道内提，只有这样，才能保证身体中正，任督二脉畅通。

（12）蛤蟆肚是指小肚子要像青蛙、蛤蟆的肚子鼓起，气沉丹田。

二、形意拳气功练习

形意拳的三体势桩在内的要求完全是气功的要求。气功主要是精气神的练习，使精气神达到饱满旺盛的目的，达到健康身体的目的。要达到这一目的，我们必须首先认识和掌握自身精气神活动之规律，并有意识地去控制和调整它们，使之有得于增产节约，使之有利于储存转化，使我们尽量不得病，使我们精气旺盛，使我们长寿。

气功的功夫练习可分为五个阶段：第一，入定胎息；第二，开三关；第三，取药，结丹；第四，结胎；第五，出胎；这五个阶段就像小学、中学、大学，前一个阶段是后一个阶段的基础。

气功的具体练习有三部分内容，即练、养、化。

"练"，就是两个或两个以上的穴位之间的开合，也可以是经络的运转。例如，下丹田与中丹田之间的开合，就像从下丹田吸气到中丹田，又从中丹田呼气到下丹田，如此往返不断。又如，中丹田膻中穴（前心）、上夹脊（后心）、下丹田之间的开合，从中丹田吸至上夹脊，然后从上夹脊呼到下丹田。再如任督二脉的开和运转，吸气顺督脉上行，呼气顺任脉下行。

"养"，就是一个穴位自身的开合、呼吸。例如，意守丹田，这种方法为养，它就是把下丹田作为一个呼吸体、开合体、发光体。一合（吸），则把宇宙中的气通过全身各个部位，包括皮肤的各个毛细孔直吸至下丹田，然后一开（呼），把丹田的气通过全身各个部位呼到宇宙远处空中。

"化"，就是指练精化气、练气化神、练神还虚。气功的化在不同阶段，有具体不同的练习方法。因为绝大多数人只能到达第三阶段，所以在这里只作这三个阶段的具体方法的介绍。

在开始练气功至第一阶段入定胎息完成以前的"化"，可以是在练养功完成后意沉丹田，稍作静养，然后进行全身放松活动，或做各个部位的按摩，也可做慢行散步活动，特别是每练完内家拳后更应多做散步活动。

在气功第一阶段入定胎息完成以后，直至第三阶段取药炼丹、结丹完成以前的"化"是练精化气。具体的方法是气沉丹田稍作静养后，以肚脐为出发点，以下往上、从左往右转圈吸合。按照从上向下、从右向左转圈呼开，这样一吸一呼为一圈，如此往返36圈，这些圈从小到大（像钟表的弹簧似的）。然后相反方向，从大到小旋转24圈，返回肚脐。最后，从肚脐吸入（约1寸左右），呼至下丹田，再静养片刻即可。女子与上述方法相同，但方向相反。

在气功第三阶段取药炼丹，结丹完成以后结胎完成前的"化"是练气化神。具体的方法是从下天门（会阴穴）吸至上天门（百会穴），然后反方向按督脉路线从上天门呼回下天门。如此呼吸开合20个来回即可。

在气功的第四个阶段结胎完成以后的"化"是练神还虚。

第一阶段的入定胎息完成标准是我们气功练习时的呼吸开合能恢复人在母体的呼吸开合的状态感觉。胎儿在母体内的呼吸开合不是用肺、鼻去进行，而是通过血液将全身联系起来，进行整体的开合，有一开无有不开，一合无有不合之势。要达到这样的境地，非有松静的状态不可。但人们常加各种因素，从身体到精神，往往一开始达不到松静程度，因而妨碍经络血液的运转流通，不通则有热、麻、痛等感觉，不通，其穴位、经络、神经等被冲动，冲动则身体四肢就会动作，会扑、打、滚、爬、前仰后合，手舞足蹈，哭笑无常。除了上述反应外，还可能出现肠鸣、内脏绞动等内动。继上述外动、内动后，还可能出现幻觉，身体有轻、沉等感觉。所有这些，都是初练气功者常见的现象，不足为怪，也不必害怕。但我们也应清醒地认识到，这些东西都不是我们追求的目标，所以我们既要不怕，也要不让其发展，以免出现偏差。当出现这些现象时，我们只要做到松静，集中意念，用练精化气的"化"的方法，即可消除，使其恢复正常。为了少出偏差，我们在意守穴位时，在初学阶段，最好能做到这些穴位的位置上不过肩，下不过膝。同时，也可以先练"玉液丹"，具体方法是，意守玄英穴（即咽喉），当过一段时间后，即有较多的唾液产生，这时就可用意念将唾液咽到下丹田，然后再返回意守玄英穴，重复上述做法。

第一阶段的练，常是下丹田与命门穴位之间的开合，也可以是膻中穴与上夹脊之间的开合。即从下丹田吸至命门（或从膻中吸至上夹脊），再从命门呼至下丹田（从上夹脊呼至膻中）。因为下丹田是先天之本，膻中是后天之本。第一阶段的养，也通常是下丹田自身的呼吸开合，或是膻中穴自身的呼吸开合。"练"和"养"是交换进行的，其时间的长短应顺应自然，但总的原则是练不能疲劳，养不能丢失意念，也就是满足松静的要求。

第二阶段开三关的标准，是前三关后三关皆被打开，畅通无阻。前三关是指身体前部的三个穴位：下丹田、膻中、印堂。后三关是指身体后三个穴位：命门、上夹脊、百会。前三关和后三关的穴位是对应相通的，每打开一个穴位，对方的一个就自然打通。这三关的每一关被打开时，都有较明显、强烈的感觉。如膻中和上夹脊被打开时，就像放烟火似的一个火团冲开、爆炸开，火花冲向全身，身体感觉非常绵柔、温暖，舒服无比，难以形容。又如印堂和百会穴被打开时，百会穴就像一个窗口似的，又像一个呼吸体似的，附近的头发都有煽动的感觉，印堂也像一个鼻子似的。这两个穴位打开以后，自身的体制变化和大自然天气的变化都有所反应，有明显的跳动和异样的感觉，确有"秀才不出门，便知天下事"之感。只有三关被打开，任督二脉方能贯通，小周天方能打通。第二阶段完成了，我们就可以自己调整自己，自己控制自己，自己感觉自己，就可以防止疾病的产生，就可以消除疾病。

第二阶段完成了，三关开了，就可以进行取药炼丹，进入第三阶段的练习。例如，当我们"上火""热气"，即阳火过盛时，可用意念将气从头顶"百会穴"一直降至脚心"涌泉穴"36次，也可以用意念从膻中穴吸至上夹脊，再从上夹脊呼至下丹田。如此反复做36次，此法名叫"入龙滩"。

第三章　孙禄堂式形意拳基础训练

孙氏形意拳最基本的功法就是三体势。三体势训练涉及两方面内容：其一是站桩功，与其他派别的形意拳功类似；其二是指动作起势，特别是套路演练中，三体势则体现为基础拳势动作。

第一节　三体势桩法

一、三体势桩法要领

我国著名的形意拳大师孙禄堂在传授拳术时，十分重视基本功的练习。三体势是形意拳的基本桩法。他常讲："世间练拳者多如牛毛，为何成道者却少如麟角呢？这是因为许多人不知形意拳中的内劲究竟是什么，却只在形象处猜想，有的以为心中努力，有的以为腹中运气，这种错误不胜枚举，其实都是抛砖弄瓦，以假乱真。这三体势则是形意拳的基础，只有日日练，持之以恒，由微而著。此中绝无捷径，也难取巧。"所以孙禄堂先生生前对前来向他求学形意拳的，都严格要求他们认真练习三体势桩法。

所谓三体（旧时称作三才，即天、地、人），在拳术中则是把人体分头、手、足三体。三体又分为三节，如头为梢节，背为中节，腹为根节；手为梢节，肘为中节，肩为根节；足为梢节，膝为中节，胯为根节。各节都有一定的运动规则，如头顶、塌腰、松肩、坠肘之类。练习三体势，是周身上下内外筋骨肌肉，无一处不受到锻炼。此乃前辈拳师们积累的宝贵经验，后学者切勿轻视。要细心体会，悟通真谛，逐步提高，才能获得健身功效与攻防技能。站三体势时，从预备势到定势，初练者必须按三个过程动作的要领去做，才能使三体势动作完成得正确。反之，差之毫厘，则谬之千里。

二、三体势练法

孙禄堂式形意拳的三体势练法如下。

（1）预备式：身体直立，眼向前看，舌顶上腭，口唇虚合，下颔微收；两肩垂平，两臂自然下垂，两手五指并拢靠在腿部；两腿直立，膝盖后挺，两足尖向外撇，足跟靠拢成90°，意识集中。（图3-1-1）

图3-1-1

图3-1-2

（2）转身半面向左，移动左足，脚尖向前，脚跟靠住右脚内踝成45°；眼平视前方。（图3-1-2）

（3）两前臂徐徐抬起，两肘靠肋，两肩松垂，两手心朝下，抬至与胸平，左手食指向前，平直在下，右手中指向前，平直在上，盖于左手食指之上；手向上抬时，两腿徐徐向下蹲屈。此式要点：头往上顶，腰往下塌，抽胯，身体正直不可歪斜，心中要虚空，排除杂念，切不可有丝毫努气。此式有鸡腿、龙身、熊膀、虎抱头四象之称。（图3-1-3）

图3-1-3

鸡腿：两腿前虚后实，有似金鸡独立之势。

龙身：身体三折，如龙之盘叠曲折。

熊膀：颈直背圆，如熊之威严。

虎抱头：两手相抱，有虎欲离穴之势。

（4）左足向前开一步，顺直落地，后足不动，两腿弯曲，前虚后实，重心在后腿上（前三分劲后七分劲），此谓单重。步子的大小，以练者两脚之长为度。臀部要与后脚跟上下垂直。前脚暗含有向后夺劲，后脚有暗含向上蹬劲，两膝向内扣，两脚后跟极力向外拧。当左足前迈时，两手徐徐分开，左手向前推，右手向后拉，两手如同撕棉之意。左手前伸不可太直，肩至肘一段成斜坡形，肘至腕一段成水平。左手高与胸平，五指张开，虎口撑圆，拇指横平，指尖微屈，掌心内圆，肘尖下垂，坐腕向外撑劲。右手拉至小腹处，大拇指根紧靠肚脐，食指向上挑；眼平视左手指梢。（图3-1-4）

图3-1-4

练形意拳要知"六合"，就是心与意合，意与气合，气与力合，这是内三合；肩与胯合，肘与膝合，手与足合，叫作外三合，内外三合共称六合。这里的合，就是指协调一致。所以在站三体势时，身子要正直，不可左歪右斜，前俯后仰。在伸左手、拉右手、出左腿时，三者要做到同起同落，上下协调，整齐合一，心气平和稳定，呼吸顺其自然，不可憋气。初学站三体势，腿部都有酸疼现象，只要坚持下去，日久腿上有了功夫，这种现象也就消失了。实践证明，只要掌握了三体势的正确桩法，苦练不辍，就可为练好形意拳打下扎实的基础，在学习拳术套路时，即可举一反三，达到事半功倍之效。

练习三体势，不受时间限制。初站时，几分钟后如觉左足酸累，可换右足在前，或稍稍休息再站。久之，自然能站较长的时间而不再感到酸累。

第二节　基本拳势

一、无极势

无极势是形意拳最重要的桩功，也是各拳形的开门势。所有形意拳的姿势、要求和动作前，都以无极势桩的要求为基础。它的具体练法如下：

身体立正，面向正东；两臂自然下垂，顶头收颏；两脚跟靠拢，两足尖向外展90°，两手五指并拢靠在腿部；两眼向前平视（参见图3-1-1）。

要点：无思无意，无形无象，无我无他，胸中浑然，思想意识处于寂静状态，即无所"向意"之情况。名曰虚无含一气，一气产阴阳，有了阴阳就万物生，前者为无极，后者为太极，就是返回运用先天真一之气。但此气是活的，不是死的，揽阴阳、夺造化、转乾坤、扭气机，于后天中返先天，复初归元。保合太和，阳极必阴，阴极必死。总不外乎后天五行拳、八卦掌之理，一气伸缩之道。所谓无极而能生一气者是也。这是顺天地自然之道。

说明了世人不知以后天返回先天的道理（即从无到有再从有返无），只知顺行天地自然之道，内不知修，外不知养，蔽于物欲，至阴阳不调，身体衰弱，这是不明了养生之道。

只有对事物极为通达的人，才能揣摩透逆用的道理，能掌握阴阳，夺造化之功，扭转气机，引导中和之气返回先天，复归于最初之本源。保持会合阴阳二气，使阴阳调和，则事物无不和顺。如果做到这些，不外乎用五行拳、八卦拳中一气伸缩的道理，也就是无极而生太极，太极即一气，一气生阴阳，阴阳变化而不已。口要虚闭，舌抵上腭，提肛，全身放松，不要挺胸或弓背。

二、太极势

转身半面向左，移动左足，脚尖向前，脚跟靠住右脚内踝成45°，平视前方，谷道上提，内舌顶上腭。此势是揽阴阳、夺造化、转乾坤、扭气机，逆运先天真阳，不为后天假阳所伤也。

要点：此势是由无极势转来的太极势。无极说明心内为虚无，太极则开始腹内有阴阳（先有一，相对则为二，二即阴阳），有阴阳就要生万物，此定势即表示将生未生、将动未动之静的情况。故此势要求练拳时掌握阴阳造化之权，扭转乾坤气运之机。此时度用先天之真阳，即前节所谓先天真一之气，亦即形意拳之基础，不为后天假阳（后天拙气拙力）所伤。

太极一气：人在将动未动时，动的意思已生，形迹虽未露，但动的道理已具于内（参见图3-1-2）。

三、四象学

两前臂徐徐抬起，两肘靠肋，两肩松开，两手心朝下，抬至与胸平（偏左），左手食指向前，平直在下，右手中指向前，平直在上，盖于左手食指之上，两肘微屈；眼仍平视前方。手向上抬时，两腿徐徐向下蹲屈（重心偏于右腿；参见图3-1-3）。

要点：头往上顶，腰往下塌，抽胯，身体正直不可歪斜，心中要虚空，排除杂念，却不可有丝毫努气。此势有鸡腿、龙身、熊膀、虎抱头四象之称。

四、三体势

身体方向不变，左脚向前迈一步，顺直落地，后脚不动，两脚相距以习练者两脚之长为度，两腿仍屈膝，前虚后实，重心在后腿上（前腿占三分劲、后腿占七分劲），此谓单重。臀部要与后脚跟上下垂直。前脚暗含向后夺劲，后腿暗含向上蹬劲，两膝向内扣，两脚跟向外拧劲。当左脚前迈时，两手徐徐分开，左手向前推，右手向回拉，两手如同撕棉之意。左手前伸不可太直，肩至肘一段成斜坡形，肘至腕一段成水平。左手高与胸平，五指张开，虎口撑圆，拇指横平，指尖微屈，掌心内圆，肘尖下垂，坐腕向外撑劲。右手拉至小腹处，大拇指根紧靠肚脐，食指向上挑，三尖相对（鼻尖、手指尖、脚尖）；眼平视左手指梢（参见图3-1-4）。

要点：（1）两脚跟在一条线上，两腿似直非直，似曲非曲。身体看正似斜，看斜似正。面部自然，牙齿轻叩。沉肩坠肘，左手食指要向上挑劲，拇指尽力向外撑开，虎口成半圆形，掌心内含，右膊靠于腹部右侧，右手五指亦撑开，手腕塌住。含胸拔背，不要紧张用力，气沉丹田，不可鼓腹。腰向下塌，臀部不可外突，提肛缩胯，两膝微向内扣。呼吸要自然，精神要集中，身体保持平衡稳固。

（2）上体要正直，不俯不仰，下颏略向后收。两肩向下松垂，肩窝处略向后缩，吐气，两肋肌肉向下舒展（有的称束肋）。腹部要自然充实（俗称沉气），背部肌肉尽力向两侧伸展开（所谓拔背）。两胯略向后收缩（缩胯），前膝不要超过踝关节（不要太弓）。

以上各部的要点，在练习时务必要处处安排好，不可忽略某一部分。所谓"万法出于三体势"之说，主要是指这种站桩的法则十分重要。这个姿势对培养练习者的内在力量、调节呼吸很有帮助，同时也给其他动作打下了基础（因为形意拳多数为三体势步子）。更重要的是，它的上中下各部集中地体现了形意拳的要求和特点，初学者可以从这里体会到锻炼的要点，并给以后的练习铺平道路，就是有一定基础的人，也要经常做这种"桩步"的练习，以便进一步掌握形意拳的要领。

三体势把人体上中下各部安排得既没有一点松懈的地方，又不死板硬直。通过全身各个肌肉群的相互矛盾、相互制约，把全身铸成一个圆满而完整的姿势。但这不是勉强的，而是按照规矩自然完成。以后所有形意拳的动作都离不开这个三体势的基本法则。拳路的形式尽管变化万端，但究其原理和要领是一致的。

第四章 孙氏形意五行拳

五行拳是劈、崩、钻、炮、横五种基本拳法的总称。过去以金、木、水、火、土五行分别代表五拳，故称"五行拳"。这五种拳是形意拳的基础拳法，其他各式拳法套路多由此组合而成。其动作简单，姿势规矩，劲力严谨，左右对称，是形意拳之基础。初学时架势宜高，待锻炼有了根基，再逐渐由高架变为矮架。练习时要严守规矩，以劈拳为主。只要劈拳练好了，其他各拳都不难掌握。因此，劈拳列形意拳母拳之首。

五行拳是一个有机的整体，五行五拳之间的生克转化以及五拳对所配的五脏所起的强健作用，都是相对的。事实上，五行拳中的任一动作在发放劲力时，都要牵动全身所有经络、筋、脉、脏腑、骨肉、精气等，一动百动，每一拳势的完成均是它们高度协调统一的结果，只是有主次而已，不能机械地将它们分开而论。

第一节 劈拳学

一、劈拳与五行、五脏、五官的关系

（1）劈拳五行属金，在内属肺，其形似斧，外窍通鼻。

其经脉归于太阴肺经，起于中焦，下络大肠，还循胃口，上膈至肺，从肺系横行至胸部外上方中府、云门，出腋下，下循臑内，至肘中，循臂内侧前缘下行，过肘入寸口鱼际，直出拇指之端（少商穴），进入大肠的商阳穴。

（2）劈拳属金，是一气之起落也。劈者，以其掌之下，如斧之劈也，故有劈物之意。因之在五行中属金，其形似斧。劈拳在五脏之中属肺，在五官之中与鼻相通。在方位之中劈拳为正西方向，谓之西方庚辛金；在八卦之中为之

兑卦；在窍为之大椎；在气为之上焦之肺气；在身躯（包括头在内）之经络为之任督二脉。在上肢的经络中，气血主要贯通运用的是手少阴心经及手太阳小肠经（手少阴心经自腋下极泉出，经青灵、少海、神门、少府，而止于小指内侧尖端的少冲穴。手太阳小肠经，主要是将脊背中的劲气，通过肩胛骨和腋下经络的转换，接入手太阳经，通过肩中俞、肩外俞、臑俞、肩贞、小海、腕骨、后溪，而达于小指外侧尖端的少泽）。阴脉与阳脉、阴筋与阳筋、阴气与阳气、阴劲与阳劲，互相合一即谓之阴阳相合。

（3）劈拳其拳顺、劲顺，则力和、肺气和，其劲谬，则肺气乖。人以气为主，气和则体壮，气乖则体弱。故为形意母拳为首，即以养气为先务也。

所谓一气，在这里指的是一息（一呼一吸为一息）。就是说在练习劈拳中，从前手的抓领，上钻至后手的劈出，在这三个运动过程中，应该以一息为准。同时在一呼一吸之中，劲气应循任督二脉一周（谓之小周天的运行），所以叫作"阴阳连环一气之起落运动"。拳歌："任督循环意降升，劈随息用手摩胫。杀气凛然储肺臆，动静起落自分明。"

以相生之理论之，劈拳能生钻拳，金生水也。由相克之理论之，劈拳能克崩拳，金克木也。以五行隐于内者言，肺属金；以五行著于外者言，鼻能通肺，以五行生克之理，劈拳学之说也。是初学之一，蕴基此也。

（4）劈拳时，真气主要是任督二脉上的循环运行。从呼吸之气来讲，是回手、吞身时吸气，出手、吐身时呼气。例如，由三体势变劈拳时，在前手抓领回来时运动中要吸气，吸气要以意导引，深纳于下丹田气海之中。当两拳相抱于脐前时，两拳要攥实抱紧，丹田气同样要相抱成实。当向前起钻出拳时，拳宜松而肘宜沉，丹田气要向后逼肾，以增大腰部（以命门穴为主）的劲力。当后手起钻至胸前并与前手臂相接相摩时，腰部之劲气应上提至脊（胸椎）。当后足踏进、后手向前劈出时，脊背中的劲气，应突透前胸而发，但必须是胸出而闲、腰挺而塌，是整个身躯发出"身如弩手"的弹抖绝劲（注：当劲气上提至脊背时，两肋要随之尽量向横向开扩。劲力发出后，肺要缩，肋要合，腰要塌）。

（5）劈拳与五行、五脏、五官的关系如上面所述。气的连环，是讲在练习劈拳时，呼吸宜循环均匀，内气宜升督降任。"阴阳一气连环起落"。

劈拳是阴阳连环一气之起落运动，有劈物之意。其劲顺，则肺气和，体壮。两手抓回时，手拧、肘裹，有握拽回钩竿之意。两拳自腹、胸向上起钻时，吸气，自中集领起肺气，直出中府、云门同足三阴之气上行聚于中腕。当两拳在胸前翻落变掌劈出时呼吸，气自云门沿臂内侧向下直达商穴冲于五个指头。手下劈的同时，头顶，丹抖，腰塌，脊背后撑，臀尾坠坐，势如挑担。两手抓回起钻挫时吸气是合，蓄气聚力（形如槐虫），劈拳时呼气是开，吐气发力。

双拳上下交合龙虎交锋状撕棉。一吸一呼，一攒一翻，循环不断，促进肺经中气的运行，加强肺脉中的血液循环，增强膈肌的功能，促进肺活量增大。故劈拳健肺。

（6）双拳贴中线上钻至胸口处，两臂内裹，摩肋，两手小鱼际处摩胸而出，前手肘弯夹角120°左右，后手肘弯夹角100°左右。前手同侧脚外偏45°角，膝微屈，后手同侧脚置于前脚内侧，脚跟欠起约1寸距离脚尖正对前方，前手劈落，后手劈出，同时后脚向前蹚踏而出。

二、劈拳练法

劈拳居五行拳之首，其形似斧，有劈物之意。劈拳所用的掌为圆形掌，也叫形意掌。它要求五指自然分开，拇指展向外，食指上挑，虎口撑圆，其余三指微屈向上，掌心内含，呈球面状。

（一）劈拳动作组成

预备势、劈拳左起势、劈拳右落势、劈拳右起势、劈拳左落势、劈拳回身、劈拳右起势、劈拳收势。

（二）劈拳演练

1. 预备势

即无极、太极、四象最后变三体势，做法同前。（图4-1-1）

2. 劈拳左起势

劈拳动作是以左右手和左右步法交换进行的一种练习方法。

（1）由三体势开始。左手（即前手）下落变拳（随落随握拳），右手也同时握拳，两手拳心翻转向上，靠在肚脐两旁，两前臂紧抱腹部两侧；眼看前方。（图4-1-2）

图4-1-1　　　　　　　　　　　图4-1-2

要点：身体方向不变，手下落回抓时，如握拽钩竿之意。至丹田气海处（俗名小腹）上钻时，发自心，出自口，如口中吐物（或托下腭状），握拳时要卷紧，但胸腔不可紧张，要自然，不可憋气。左手下落时要走圆弧路线，由落而收，不是直线抽回。两肩仍下垂，两臂紧靠两肋，两手掌变拳后同时在腹前翻转，不可有先后。

（2）左脚向前垫步（长约一脚左右），脚尖外撇45°，膝部微屈，重心略移于左腿，此时，右脚不动，左脚后蹬，成似直非直状，身体不可直立；同时，左前臂外旋，经胸前由下颏处向前上方钻出，路线成弧形，拳心随钻向外倾斜，小指向上翻转肘尖下垂，这时整个伸出的左臂要弯曲，适度成弧形（有如挑担之意），不能挺直，左拳不可高于鼻尖，不低于口，右拳不动；眼看左拳中指，小指翻天。（图4-1-3）

图4-1-3

要点：身体方向不变，拳要握紧，腰要含回，呼吸要自然。肩要下垂，右臂紧靠肋部（有外展之意，两臂用力均为持枪状），左拳前伸必须与垫步动作一致。在钻拳和垫步时，身体方向不变，注意后肩不可向前扣，使两肩平行；左拳要贴胸上提，到口边处再用力向前伸出。同时，腰要塌，头要顶，项要竖，裆要内开。

3. 劈拳右落势

右足经左脚内踝骨（稍停片刻）摩膝擦胫向前蹚出一大步，顺步踩下，两脚在一条线上，两足距离视人高低而定（不失中为止）。还是三体势（三七步）。两腿似直非直，似弓非弓；同时，右拳经左臂脉窝外摩擦至左拳脉门处，拳背贴紧；注意左拳不要动，顶住（形如槐虫），突然发力如撕棉，劈出变掌，五指分开，虎口要撑圆，右手与右肩平，沉肩坠肘，右手心向前下方与右足上下相对（顺中用逆、逆中行顺）；左手变掌往回捋劲，至肚脐部停住，五指分开，如抓圆球，虎口要圆，大拇指紧靠腹部，两肩扣劲；眼看右手食指。（图4-1-4~图4-1-6）

图4-1-4 　　　　　　图4-1-5 　　　　　　图4-1-6

要点：右手向下劈时，要与右脚落地协调一致。迈步时身体不可上窜，不可起伏，在运动中应保持平稳。身体及上下肢动作要点与前三体势相同，唯步子略小一些。

4. 劈拳右起势

接上势。右掌下落，随落随握拳；左手也同时握拳。两拳心同时翻转向上，靠在肚脐两旁，两前臂紧抱于腹部两侧；眼平视前方。（图4-1-7、图4-1-8）

图4-1-7　　　　　　　　　　　　图4-1-8

动作与前"左势垫步"完全相同，唯左右势相反（参阅"劈拳左起势"要点说明）。右脚向前垫步，脚尖外撇45°，两膝微屈，左脚不动，重心移于右腿（右足占四分劲，左足占六分劲，要缩肩、缩胯，前后上下对拨）；同时，右拳向前上方钻出，拳心斜向上方，略向外翻，小指向上翻转（右拳经胸前，发自心，出自口，由下颏处向前上方钻出），肘尖下垂，右臂不要伸直，右拳高低在鼻口之间，左拳不动；眼看右拳中指，小指翻天。（图4-1-9）

图4-1-9

要点：与劈拳左起势完全相同，唯左右相反。

5. 劈拳左落势

动作及要点均与"劈拳右落势"说明相同，唯左右相反（图4-1-10~图4-1-12）。如继续前进练习，则仍垫左脚，进右步，劈右掌，成劈拳右落势。如此可以左右势反复交替进行练习。

图4-1-10 　　　　　　图4-1-11 　　　　　　图4-1-12

6. 劈拳回身

转身时须劈出左掌，然后左掌下落变拳，右掌也随之变拳，两拳心翻转，靠在腹部两旁；左脚随即以脚跟为轴，足尖向内扣，身体也向右后转约180°，右脚提起向前垫步，足尖外撇45°（成错综八字）；眼平视前方（可以扣成八字，然后急回头连钻再垫右脚）。（图4-1-13）

要点：转身时，身体不可忽高忽低或左右摇摆。扣左脚、落左手与转体动作要完整一致。眼神要随着转体的方向转视前方。不可低头弯腰，腰要塌，头要向上顶。

图4-1-13

7. 劈拳右起势

右脚向前垫步，脚尖外撇（约45°）；眼平视前方（图4-1-14）。然后再钻出右拳，继续向前劈左掌。如此左右交换练习，方法与前相同。直到起势位置再转身。（图4-1-15～图4-1-23）

图4-1-14 　　　　　　　　图4-1-15 　　　　　　　　图4-1-16

图4-1-17 　　　　　　　　图4-1-18 　　　　　　　　图4-1-19

图4-1-20 　　　　图4-1-21 　　　　图4-1-22 　　　　图4-1-23

8. 劈拳收势

当劈拳打至起势位置时，回身势扣左足垫右足钻右拳，再进左步，劈出左掌成劈拳左落势，一定要跟半步收回左脚，靠于右脚跟处。同时，左臂屈回胸前，然后两臂轻缓垂于身体两侧，身体也随之轻缓站起，成立正无极势还原。（图4-1-24～图4-1-28）

图4-1-24 　　　　　　图4-1-25

图4-1-26 　　　　　　图4-1-27 　　　　　　图4-1-28

劈拳歌：

两拳似炮往中去，拳前上钻如眉齐。后拳随跟紧相连，两手抱肋如心齐。气随身法落丹田，两手齐落后脚随。四指分开虎口圆，前手高低与心齐。后手只在肋下藏，手足鼻尖三尖对。小指翻上如眉齐，劈拳打法向上钻。脚手齐落舌尖顶，进步换势阴掌落。

三、劈拳用法

劈拳是一气之起落，动作是上下运用，其形似斧，有劈物之意；其用法有斩、塌、裹、点等法。

歌诀：

劈拳似斧性属金，生钻克崩妙绝伦。润肺通鼻气须圆，起钻落翻劲要拧。劈拳上钻过云门，肺叶舒张气畅伸。少商指引意中气，修残补缺效如神。

斩： 含劈截之意，动作是从上向下的运动，主要指前手（劈出之掌）。上斩劈对方头、面部，如头顶、脸面、头侧太阳、耳门诸要穴，以及斩劈敌颈部动脉、锁骨、上肢等处。后手主斩截对手上肢、中节、梢节。

塌： 指腕下塌。含顶、挫之意。主要指用掌根击对方前胸华盖、膻中、乳根等要穴。

裹： 指拿法。左右两手在下劈的过程中，运用锁、扣、拿诸法（反关节），主要作用于上肢。

点： 含戳、捣之意。指左右两手在劈的同时，用手指点击对手头、胸、肋、腹及上肢等处主要穴位。

斩、截、裹、点是相互联系、统一的整体，在运用时应灵活运用。

形意拳术内含经络气血走向略述

经络和穴道是中医生理学中气与血所运行的通道和气血输注出入的特殊部位，人体身上的十二经及奇经八脉的确存在。"穴道"是人体低电阻的地方，而经络则像电流流通的管道。

（1）中府：本穴功能宣肺理气、平喘止咳，对增强肺脏功能有一定保健作用。

手太阴肺经：臂内拇侧上下循。中府乳上数三肋。云门锁骨窝里寻。

（2）少商：本穴能清热、利咽、开窍，是急救穴之一，对发热、昏迷、休克、咽喉肿痛、癫狂、鼻衄有较好的防治效用。其穴位在大指内，去指甲角韭叶明。太渊掌后纹头是，鱼际节后散脉索。

手太阴肺经歌谣：

二穴相差隔一肋，距腹中行六寸平。天府腋下三寸取，侠白肘上五寸擒。尺泽肘中横纹处，孔最腕上七寸凭。列缺交叉食指尽，经渠寸口动脉行。太渊掌后纹头是，鱼际节后散脉索。少商穴在大指内，去指甲角韭叶明。

（3）三焦功能：上焦如雾，心肺敷布气血，犹如雾露弥漫之状，有灌溉并温养全身脏腑组织的作用。它包括心与肺。

"中焦如沤"，沤是浸泡的意思。所谓"如沤"，是形容中焦有脾胃腐熟运化水谷，进而化生气血的作用。它包括脾、胃、肝、胆。

下焦如渎，主要生理功能为传导糟粕，排泄二便。糟粕的排泄，一定从大肠排除大便，一定从膀胱排出小便。它包括肾、膀胱、小肠和大肠。

大肠：主要生理功能是传化糟粕。

肺：主气司呼吸。人身之气均为肺所主持，所以古人称"肺为气之主"。

脾、胃：谓后天之本，由于脾主运化的生理活动是在胃主受纳腐熟的基础上进行的。脾与胃都参与了人体的消化吸收，所以历来常把脾与胃并论，而称脾胃，同为后天之本。

三焦，水道循环的"漕官"，负责人体全身水液运行。气管、食管、输尿管中空如洞，是水液流通的道路。

（4）神门：本穴能养心安神，可防治心痛、心烦、健忘、失眠、惊悸怔忡、癫狂。

手少阴心经歌谣：

五是心经手少阴，极泉腋窝动脉牵。青灵肘上三寸览，少海肘后五分连。灵道长后一寸半，通里腕后一寸间。阴郄去腕五分是，神门锐骨端内缘。少府小指本节后，少中小指内侧边。

第二节　崩拳学

一、崩拳与五行、五腑、五官的关系

崩拳五行属木，为阳，在内属肝，外窍通目。在卦之中为震卦；在方位之中为正东方，谓之东方甲乙木；在人身之中的窍位为夹脊穴（背后两肋平行线之正中，与督脉十字交叉的正中点即是此穴）；在气为肝气；在上肢为手厥阴心包经和手阳明大肠经；在身为带脉；在五官之中通于目。木在崩拳之中运用，是将木化形为箭，主取其快速迅猛、冲穿锐利、力能穿林透物之意。

其经脉归足厥阴肝经，起于大趾丛毛之际，向上沿足背至内踝前一寸处（中封穴），向上沿胫骨内缘，在内踝上八寸处与足太阳脾经相交后上行过膝。两侧沿大腿内侧中线进入阴毛中，绕阴器至小腹，挟胃两旁属肝，络胆向上穿过膈肌，分布于胁肋部沿喉咙的后边，向上进入鼻咽部，上行连接目系，出于额向上，与督脉会于头顶部。

内气在上肢中的运用：气血主要是通行手阳明大肠经和手厥阴心包经（手阳明大肠经是由肩部的巨骨穴始，经肩髃、曲池、三里、合谷至食指外侧尖端的商阳穴。手厥阴心包经是由乳侧上方的天池穴始，经天泉、曲泽、内关、劳宫至中指内侧尖端的中冲穴）。所以崩拳的劲力主要集中在食指和中指上。

内气在下肢的运用：下肢中的气血（指后下肢），主要是贯足厥阴肝经（从足大拇趾内侧的大敦穴起，经行间、三阴交、膝关、阴包、五里、急脉、章门，至期门止）和足少阳胆经（起于足无名趾端的足窍阴穴，经阳陵泉、风市、环跳、京门等穴）。主要经络而言，人之一身，无论是气血、经筋、脉络、骨骼等，只要是一处动百处皆动，"一动浑身无一无动"。我们之所以讲这几条经脉，是为了使学者不要把劲力放得过阴或过阳。

崩拳动作要求快速、猛烈。两拳出入相摩，尽量在一条直线上。前脚向前进步时，后脚猛蹬（力的作用点主要集中在后足大趾），有迈大步跨沟之意。两拳相摩拧翻抖出的同时，顶头、竖项、拧腰、顺胯、抖丹。前拳的冲、撞、顶、拧、透、抖之劲瞬间爆发，急如放箭，肝经之气自大敦沿下肢内侧向上悠然直达泥丸。打出右崩拳时，肝脏内缩，血液从肝脏被挤出。当打出左崩拳

时，肝脏放松，大量的血液参加循环，加强肝脏功能，故崩拳养肝。两脚相距四寸许，拳回拉至脐上两寸许。

其拳顺则肝气舒，其拳谬则肝气伤，肝气伤则脾胃不和矣。其气不舒，则崩拳亦必失和矣。此拳善能平气舒肝，长精神、强筋骨、壮脑力。

两拳出入要连拧带翻，撕、拉、裹、挤一气呵成。腰胯要抖，头要上顶，眼要"奸"、齿要扣、意要"毒"。前拳高与心口齐（鸠尾穴）、前臂宜手直、上臂与前臂成120°左右夹角，肘要向下坠住劲。左肘摩靠左胁处。

剪子股形落掌劈拳，两肘弯如半月（100°左右），手之抓、扒、拉、撕如猫上树。脚向下踏踩，如霹雳雷击地。

崩拳说一：崩拳属木，两手之往来，似箭出连珠，盖一气之伸缩也。在腹内侧属肝，在拳即为崩。若演得其法，则能平气舒肝，长精神、壮筋骨，为益非浅鲜也。

崩拳说二：崩拳之形似箭，性属木。由相生之理论之，木能生火，故崩拳能生炮拳。由相克之理论之，木能克土，故崩拳能克横拳。以五行隐于内者言，肝属木，以五行著于外者言，目能通肝。此五行生克之理，崩拳学之说也。

二、崩拳练法

崩拳是左右拳轮换向前直打的锻炼方法。出拳时，既要求有速度、有力量，又要求保持周身完整，与步法进退起落整齐合拍，始终左足前进，右足后蹬。身法要求屈膝蹲身，前进换拳时要高矮一致。打拳时，由腰催肩，肩催肘，肘催手，右足蹬劲（如命门处好像有人往后拽，右足腕如拉犁状）。崩拳拳势猛烈，拳谱曰："崩拳似箭，有射物之意。"步法则完全以左脚直向前进（如犁地），右脚尽力后蹬（蹚泥步半步跟），再向前跟步的单一形式。落脚后重心仍偏重右腿，这样就要求左腿前伸和右腿后蹬发挥最大的力量，使上下肢与躯干同时得到充分的锻炼。

崩拳握法：小指、无名指、中指、食指依次卷曲握紧，拇指端节压在食指和中指的第二节指骨上，拳面略向下倾斜，呈螺旋形（亦称鸡心拳）。

（一）崩拳动作组成

预备势、右崩拳、左崩拳、右崩拳、左崩拳、崩拳回身、右崩拳、崩拳收势。

（二）崩拳演练

1. 预备势

预备势完全与三体势动作相同。

2. 右崩拳

由三体势姿势开始。身体方向不变；先将两手变拳握紧，如螺旋形状，随即将右拳拳心翻转向上，左拳眼朝上，肘部微屈，右肘紧靠右腰部，前臂贴于腹部右侧；眼看左拳。（图4-2-1）

要点：左手握拳后，肘尖仍下垂，肩要向下松，头颈要竖直。握拳时虽然要求握紧，但心理上不要有丝毫紧张，胸肌务要注意松弛，不要有意识地憋气，要呼吸自然。

图4-2-1

左足尽力向前迈进一步，右足随之向前跟进一步，重心仍坐于右腿，右足踩在左足弯近旁（最好前后距离一脚长度为宜），横向距离20～30厘米；在进步的同时，右拳顺着左臂上向前拧出且摩擦崩出，拳眼向上，高与心口齐；成拗步姿势，左臂收回停于左肋下方，拳心朝上，成右拳前伸坠肘；眼看右拳。（图4-2-2～图4-2-4）

图4-2-2 　　　　图4-2-3 　　　　图4-2-4

要点：左脚向前迈步时，抬脚不要过高，落脚时，脚跟先着地，但不要故意跺地，要有踩劲。右腿尽力蹬劲，使左足尽量迈大些，身体纵得远。身体不可忽高忽低，前栽后仰。打出拳后，右肩要向前顺，左胯略向后收，上体要斜向左前方，左臂肘部要下垂，头要顶劲，腰要塌住。右臂崩出要与左足前进落地协调一致，身体务要稳固。

3. 左崩拳

接上势。左脚继续向前进步，右脚紧跟，步法与右崩拳相同，唯拳为左拳，顺着右臂上方直向前崩出，拳心向右，右拳收回，停于腰部右侧，拳心向上；左拳高与心口齐，成为左拳、左腿在前的顺式步姿势；眼看左拳。（图4-2-5～图4-2-7）

图4-2-5 　　　　　图4-2-6 　　　　　图4-2-7

要点：左崩拳时，身体成向右半斜姿势，左肩顺拳斜出，但不要太向前伸。两胯要略向后缩。其他各部要求均与右崩拳相同。

4. 右崩拳

同动作2。

5. 左崩拳

同动作3。

以上动作，可以左右轮换向前直打，每次崩打数量多少，要根据场地和体力而定，唯回身势定要待打出右崩拳后再行转身。

6. 崩拳回身

打出右崩拳后，左拳不动，右拳收至腹部右侧，拳心朝上；左脚尖向里回扣45°（成八字形），转身向右后约180°，同时右崩拳回带至右腹部；眼看前方（图4-2-8）。然后，右拳臂外旋，经胸前向前方钻出，拳心斜向上，随钻随小指向上拧劲；同时右腿上提，足尖向右上斜勾，左腿微屈；眼看右拳（名为狸猫倒上树）（图4-2-9）。右足横踩落地，左足提踵，足尖触地，左膝盖抵于右膝弯里，两腿极力扭曲，身体下蹲，两足成丁字形（剪子股形），距离约两尺；同时，左拳顺右劈起钻至两拳相遇时，再向前劈出变掌，五指分开，手背朝上，虎口要圆；左手与肩平，沉肩坠肘，肘尖微屈，左手与右足上下合住，右手顺势捋回至脐部，手背朝上；两眼平视左掌食指。（图4-2-10～图4-2-12）

图4-2-8 　　　　　　图4-2-9 　　　　　　图4-2-10

图4-2-11 　　　　　　图4-2-12

要点：转身时，动作要连贯迅速，不要低头弯腰。右拳上钻与右膝上提动作要一致，左脚回扣、右拳收回与向右后转身是一连贯动作。右拳经胸前靠近口部向前上方钻出，整个右臂要成弧形，不能挺直，拳心斜向上，并略外倾，小指侧向上拧劲。同时，右膝向上提起（与右肘相对1～2寸距离），脚尖向右上勾，成左独立姿势。

上式不停。右脚随落向前横踩落地，左脚随之向前跟步，脚跟离地，左膝抵住右膝腘窝，两脚交叉，裆要夹紧，成半坐盘姿势；左拳在落右脚时，经胸前向上顺，右臂向前方变掌劈下，掌心向前下方，右拳下落变掌收回腹前，拇指紧靠脐部，掌心向下，眼看左掌食指。左掌劈出与右足落地要整齐一致。

7. 右崩拳

两掌变拳握紧，右脚向前垫步，左脚再尽力向前迈一步，右脚随之向前跟步，距离左脚20～30厘米（一脚长度）；同时，左拳眼朝上，右拳直向前，顺左臂上肘弯处摩擦崩出，左拳收回腰部左侧。动作与要点均与前述右崩拳打法相同。（图4-2-13～图4-2-17）

图4-2-13

图4-2-14

图4-2-15

图4-2-16　　　　　　　　　　　　图4-2-17

要点：两腿弯曲，身体下蹲，右足向左撇45°，再进半步，左足由右足向后前迈一大步，右足随之跟进。同时，右拳直向前打出，左拳由右臂下抽回，捋至脐部停住，左肘抱肋。

如此左右崩拳交替向原来路线打回，往返趟数不限，要根据体力自己掌握。最后打到起势的位置（崩拳右势），再回身做收势动作。

8. 崩拳收势

向右回身，提右腿，劈掌等动作完全与前回身势和崩拳左势相同（图4-2-18～图4-2-25）。打成右崩拳后，身体不动，右足向后撤半步，左足再撤至右足后方，两腿屈膝，成左足顺、右足横之交叉半坐盘步（剪子股形）；左足后撤时，左拳顺势打出，右拳同时收回腰部右侧，拳心向上；目视左拳（图4-2-26～图4-2-29）。左臂屈肘，经胸前下落，两手垂于身体两侧；同时，右足收靠在左足旁，身体缓缓起立，身体看直似斜，看斜似直；两肩向下松垂；眼向前平视，成无极势还原立正（图4-2-30）。

要点：退右脚时，两拳不动，注意右肩不可随着向后扭转。左脚向后撤，先用力以脚跟触地，再提起脚跟。两腿膝部要靠紧，左脚后撤与左拳向前打务要协调一致。头顶项竖，两眼平视。

图4-2-18　　　　　　　　图4-2-19　　　　　　　　图4-2-20

图4-2-21　　　　　　　　图4-2-22　　　　　　　　图4-2-23

图4-2-24　　　　　　　　图4-2-25　　　　　　　　图4-2-26

图4-2-27　　　　图4-2-28　　　　图4-2-29　　　　图4-2-30

第四章　孙氏形意五行拳

崩拳歌诀：

崩拳属木似箭穿，生炮克横紧连环。舒肝明目要蓄劲，前跃后蹬是关键。

歌诀一：崩拳出势三尖对，虎眼朝上如心齐。后手阳拳胁下藏，前脚要顺后脚丁。后脚稳要人字形，崩拳翻身望眉齐。身站正直脚提起，脚起膝下横脚趾。脚手齐落剪子股，前脚要横后脚顺。崩拳打法舌尖顶，前手攥肘望上托。进步出拳先打胁，后脚是连紧随跟。

歌诀二：崩拳似箭性属木，生炮克横理不谬。两拳轮流循环进，牢记左前右足后。

三、崩拳用法

内气在身躯中的作用。拳经中云："崩拳是阴阳一气循环往来之运动。"所谓循环往来，主要指的是内气在带脉上的往来运动，是重点舒发肝气的。例如，当打出右手崩拳时，肝部是处于紧凑状态的，当打出左手崩拳时，肝部是处于舒展状态的。因此说肝脏就是在这样一松一紧、一开一合的运动中得到了锻炼和增强了功能。

崩拳歌诀："崩拳似箭性属木，起落曲直相继平，肝气须发易胜敌。成功全在后足蹬。"曲直者，曲中求直也；相继者，连续不断也；平者，前臂之平面要与虎口之平面成水平也；肝气者，崩拳主舒肝气也。

崩拳是一气之伸缩，运动似连珠箭。拳谱云："身如弩弓发，手似百箭穿。"主要取其快速迅猛、力能透物之意。打法上贵在点打，即点击对手要害之穴。

根据崩拳的动作特点，崩拳主打对手胸胁部位要穴，如膻中、鸠尾、双乳、乳根、日月、期门、章门等。

第三节　钻拳学

一、钻拳与五行、五脏、五官的关系

钻拳五行属水，为阴，先天之本，生命之源，内属肾，外窍通耳。在形之中似闪电；在八卦之中为坎卦；在方位之中为之正北，是谓北方壬癸水；在人

身的窍位之中为会阴；在发力点上为命门；在下肢和身躯的经络之中为足太阳膀胱经和足太阴脾经；在上肢的经络中为手阳明大肠经和手厥阴心包经。

在钻拳中运用，主要是取其有曲曲流行、无微无至、无孔无入、无空不钻之意。主要是取其迅猛疾毒之快速、圆活柔韧之灵巧，因此久练钻拳，可以化滞为灵，易拙为巧，变迟钝为敏捷，易缓慢为迅速。

钻拳的气血从上肢来讲，主要流通手阳明大肠经（从巨骨穴起，经肩髃、肩髎、五里、曲池、三里、合谷，至食指尖端的商阳穴为止；手厥阴心包经，从胸部起，经天泉、内关、劳宫至中指内侧尖端为止）。

从钻拳下肢来讲，气血主要通行足太阳膀胱经和足太阴脾经。

从钻拳的身躯来讲，气血主要通行足太阳膀胱经。由于这条经络在背后的流行是比较曲折的，因此要通过逼肾来助气血的流通（用后命门穴）。

归足少阴肾经，其经脉起于足小趾下，斜行于足心（涌泉穴），出行于舟骨粗隆之下，沿内踝后，分出进入足跟向上沿小腿内侧后缘，至腘内侧、上股内侧后缘入脊内（长强穴），穿过脊柱属肾，络膀胱。其直行者，从肾上贯肝膈，向上注入肺，沿喉咙至舌根两旁，分支从肺中分出，络心注入胸中，交于手厥阴心包经。

在练拳时，凡每出钻拳都要逼肾，同时要将耳后高骨（也称"玉楼"或"脘骨"）上提，主取其有"耳后提筋、降浊升清"之功效，以促使"还精补脑"。

注：逼肾就是在丹田抱气的同时，将肾脏向后、向上逼迫。钻拳在劲力发放以后，肾脏则应放松，所以钻拳对肾脏本身的锻炼及其功能的提高都是极有好处的。因此拳经中指出"钻拳顺则肾气壮"，上钻如水，在地中忽然突出，亦如泉水之上翻似闪。

顺步、拗步、寸步子钻拳，主要是为了培养学者在步法中的寸步。寸步是最为常用的一种步法。如对方离我有一二尺时，则用寸步进攻之。活步：要求步子要活，身子要活，上肢要活。步子活要进退自如，轻灵敏捷，行动圆活；身子活要转换无滞，吞吐自然，起落如水之翻浪，不停不息；上肢活要曲直自如，变化灵敏，刚柔相济，得心应手。总之，在活步子钻拳的练习中，要心与意合，意与气合，气与力合，神与形合，全身要体现出形如流水，滔滔不绝，活似蛟龙，蜿蜒柔韧，静若游云，悠悠荡荡，动似雷鸣，急中而刚，刚中而急，快似闪电般敏捷。

另外，在钻拳的运用中多与崩拳相配合，这就是"木由水生"、一钻即崩的道理。钻拳练习者贵在"逼肾"。肾脏功能强健，则身体强壮，行动快速、敏捷。两拳抓回起钻时，吸气，两肘向身体中线裹挤，胸含拔背，十趾抓地。谷道上提，丹田聚气，肾脏向后上方逼迫。两拳相摩搓发拳时，快如闪电，头顶、项竖、抖丹、腰部挺而塌。同时勾动肾经之气自涌泉而起，上贯脊柱，过俞府下前臂，倏然自中冲冒出，其气发于肾脏，内外相合，故刚劲敏速，令人捉摸不定。动作上的束展有明显的竖项塌腰动作，对整个脊柱尤其是腰椎有使骨缝拉开之意，是极好的健腰补肾运动。钻拳合劲发放后，两肾应放松，肾脏的一紧一松，其功能得到很好的锻炼，腰肌的强度与弹性有明显的加强，故练钻拳健腰壮肾。

两拳拧、挣、搓、翻，腰胯抖拧同时相摩发拳，身体微下蹲，塌腰坐胯。发出之拳惊、炸、抖、弹之劲快如闪电，一触即发。右手臂弯曲120°左右，左手臂屈100°左右。左脚回扣，与右脚成"倒八字"步型（无极式休息）。

二、钻拳练法

钻拳拳势猛烈，故有钻拳似电之说。它的步法与劈拳同，唯手法则是握拳轮换上钻。

（一）钻拳动作组成

预备势、右钻拳、左钻拳、钻拳回身、钻拳收势。

（二）钻拳演练

1. 预备势

即无极、太极、四象最后变三体势，做法同前。（图4-3-1）

2. 右钻拳

左手边握拳边向下捋回，拳心向下扣于腹前，经腹前翻转（或拳心向上），再经胸前由嘴前向上钻出；右手也同时变拳，转为拳心向下，

图4-3-1

紧靠脐部右侧；左脚在左手钻出的同时向前垫步（足尖外撇45°），膝部略向前弓，与右足成错综八字形；眼看左拳的小指（图4-3-2、图4-3-3）。右脚随势向前蹚进一大步，左脚随之跟进半步（名曰半步跟），重心偏于左腿；同时右拳经胸部，由嘴前顺着左臂内侧上面摩擦钻出，高与鼻齐，左拳向内翻转（腕部向里扣双拳，龙虎相交）撤回腹前，拳心向下，拇指紧靠脐部，当右拳向上钻出时，前臂要向内裹劲，变为拳心向上；两眼平视右拳小指（图4-3-4～图4-3-6）。两腿屈膝成三体势桩步。

图4-3-2　　　　　　图4-3-3

图4-3-4　　　图4-3-5　　　图4-3-6

要点：垫左脚和钻左拳要动作一致，钻右拳和进右步也要一致，须做到手到脚停，整齐如一。迈步时步子要大，脚跟先触地，要摩膝擦胫，避免抬脚过高（与踝骨齐）。钻拳时，力量要贯于拳的最前端，上钻的拳向外拧劲，下扔的拳向内拧劲。肘要垂，肩要松，步要稳，项要竖，头要顶。前拳要与前脚尖相对，鼻尖又和前拳相对，前拳、前脚尖和鼻三点构成直角三角形（打成刹车力）。

3. 左钻拳

右脚向前垫步，脚尖外撇，然后左脚再向前迈一大步，右脚随之再跟进半步，重心偏于右腿；同时左拳经胸前顺右臂内侧上摩擦钻出（双拳龙虎交锋）拳心向上，高与鼻平，右拳臂边内旋边下扔扣于腹前，拳心向下，拇指紧靠脐部；眼看左拳小指。（图4-3-7～图4-3-10）

图4-3-7　　　　图4-3-8　　　　图4-3-9　　　　图4-3-10

要点：完全与右钻拳相同，唯左右相反。这样，可以左右式反复交替练习，次数多少根据场地等条件而定。

4. 钻拳回身

钻出左拳之后（左拳、左脚在前），以左足跟为轴，脚尖内扣，身体随势向右后方扭转回身；两臂保持原状，随身体后转180°。右脚在转体过程中，相应以脚前掌为轴扭正，然后向前垫步，足尖外撇；右拳经胸前顺左拳上方向上钻出，拳心向上。左拳下扔扣于腹前，拳心向下，拇指紧靠脐部；然后左脚再向前迈一大步做左钻拳。（图4-3-11～图4-3-15）

图4-3-11　　　　　　图4-3-12　　　　　　图4-3-13

图4-3-14　　　　　　图4-3-15

　　由此式再进左足钻左拳，向起势方向打去，往返趟数不限，根据体力、场地大小随心掌握练习。

　　要点：回身时，眼看着左拳，两臂随身体转动而扭转，不可松劲。当身体转至90°时（两脚尖相对）再转右脚。头要顶，项要竖，腰要塌，两眼平视前方。

　　5. 钻拳收势

　　往返打至起势位置，做钻拳回身势成左钻拳时停住，随之左臂由上屈回，经胸前变掌下落，两手垂于身体两侧；同时，左脚收回，两足跟靠拢，身体缓缓站起，成无极势还原；两肩向下松沉，呼吸要平稳；眼向前平视。（图4-3-16～图4-3-21）

图4-3-16　　　　　　　图4-3-17　　　　　　　图4-3-18

图4-3-19　　　　　　　图4-3-20　　　　　　　图4-3-21

三、钻拳用法

钻拳是一气之曲曲流行，无微无至，如涌泉自地下突然冒出，其形似电，在用法上取钻拳的快速、猛烈之意。贵在截打、钻打、点打诸法。

截打："截"是"阻拦""切断"之意。截打主要指前手臂拦、截、格、挡对手上肢（同时给后手前钻提供必要条件）的同时打击敌人。

钻打：有"破打"之意，即用拳从下向上钻打对方前胸、下颏及头面部。内含打破对手封锁之意。

点打：指在钻打的基础上，用拳的食指凸起处点击对手要害穴位，如头面部的人中、承浆等穴，前胸部的华盖、膻中、双乳、乳根等穴。截是顾打，钻是（打法）破法，点是打法。截、钻、点三法应顾打不分，灵活运用。

钻拳歌：顺步钻拳后步蹬，合力全出两肾空。上下交发济水火，健身祛疾保元精。

钻拳说一：钻拳属水，其气之行，如水之委婉曲折，无不流到也。在腹内则属肾，在拳即为钻。演之而合法，则气和而肾足，反之则气乖而肾虚。气乖肾虚，则清气不能上升，浊气不能下降，而拳之真劲亦不能出矣。学者当知之。

钻拳说二：钻拳之形似雷电，性属水。以相生之理论之，水能生木，故钻拳能生崩拳。以相克之理论之，水能克火，故钻拳能克炮拳。以五行隐于内诸言，肾属水，以五行著于外者言，耳能通肾。以五行生克之理，钻拳学之说也。

钻拳歌一：前手阴掌向下扣，后手阳掌往上钻。出拳高钻如眉齐，两肘抱心后脚起。眼看前拳四梢停，钻拳换势身法动。前脚先步后脚随，后手阴掌肘下藏。落步总要三尖对，前手阳拳打鼻尖。小指翻上肘护心，钻拳进步打鼻尖。前手扣腕往下横，进步掌翻打虎托。

钻拳歌二：钻拳似电性属水，生崩克炮手足随。起钻落翻阴阳转，功至还虚是洗髓。钻拳属水似闪电，生崩克炮顺势变。起钻如挫借腰力，周身完整气在先。

第四节　炮拳学

一、炮拳与五行、五脏、五官的关系

炮拳五行属火，为阳，五脏属心，外窍通舌。在八卦之中为离，在方位之中为正南，谓之南方丙丁火；在人身的窍位中为中丹田，在发力点上主于重楼（重楼又称璇玑穴，位于天突之下一寸，是炮拳中的发力点，也是提胸中劲气的集中点）；在经络、身躯主通足太阳膀胱经和手少阴心经，上肢主通手阳明大肠经和手厥阴心包经。炸劲，也就是爆发的劲，因为炮拳属火，其形似炮，所以炮拳在出击时，要像炮弹出膛似的猛烈疾毒。

归手少阴心经，其经脉起于心中，出属心系，向下穿过膈肌，经小肠。其支者，从心系出上挟食道连目系。直行者，从心系出，退回上行经过肺，向下浅出腋下（极泉穴），沿上肢内侧后缘，连肘中，经掌后锐骨端，进入掌中，

沿小指桡侧出小指侧端（少冲穴），交于手太阳小肠经。

　　炮拳的运用是一气之开合。炮拳起势时，随双手之一伸一握，走一个大践步，顶头、舌顶、齿扣，这一动作可使内气自双足上升，聚于丹田。左前臂极力外旋，向自身中线一裹一攒，并引动真气自冲脉上贯双目，同时自极泉出两臂而达中冲、少冲。此时气以贯足，周身如同一个充满高压气体的容器。进步时，一蹬一攒，左拳一滚翻，右拳向前照直崩出，一霎时，如容器炸裂，势不可挡。这样一捲一炸，有节奏的连续动作促使心脏每次搏动输入输出更多的血液。反复刺激可有效地锻炼心肌，增强心脏功能。故练炮拳，可以平心火，养心血。

　　两掌相距4寸左右。腿屈100°左右，扑抓成拳。左右两拳同时拧翻起钻至口前5寸左右，向外旋，向上拧至额前上方（左拳食指背骨距神庭穴2寸，拳心向外，向外、向上撑住劲，肘尖朝下垂住劲，左肘不得绷起），右拳也同时内旋向前打出（高与心口齐，膻中穴处）。进步出拳时，抖丹、坐胯、头顶、"腰挺"及两拳拧翻斜架打一气呵成，如火山爆发，炮弹出膛，猛烈速疾。

　　头向上顶住劲，两肩向外抽劲，两胯向下沉坠，两肘紧靠两肋，身法中正、塌腰、坐胯、谷道上提，浑身上下束抱一气。

　　在五行拳中，伤害力较大、冲击力最强的就是崩、钻、炮三拳，因此在技击搏斗中，尤为重视此三拳的运用。在《岳式意拳》拳经中曾赞道："三拳三根非寻常，紧阵圆满是正方。习者若至通神处，武艺之中状元郎。"说明这三拳在技击中占着十分重要的地位。

　　火在炮拳中的运用，是以火为炮，主要是取其有"爆发猛烈"之意。心在炮拳中的运用，主要是取其有"心动如火焰"之威。舌在炮拳中的作用，主要是取其有"舌欲摧齿"之功。

二、炮拳练法

　　炮拳沿左右斜向折线形前进，两拳穿架前冲，左右轮换，身法为半斜的拗步型，拳势烈而活泼。

（一）炮拳动作组成

　　预备势、左炮拳、右炮拳、炮拳回身、炮拳收势。

（二）炮拳演练

1. 预备势

即无极、太极、四象最后变三体势，做法同前。（图4-4-1）

2. 左炮拳

左脚先向前进半步踏实；同时，左臂微外旋，掌心斜向上方，手指向前，右臂微外旋，右掌前伸，与左手心斜相对，两手与两肩平，两肩均往下垂，两肘均往下沉；头要顶劲，项要竖劲；眼平视前方。（图4-4-2）

图4-4-1

随即右脚用力蹬地，尽力前进一步（身体不可高起），屈膝半蹲，左脚随之迅速跟进，并提起靠在右脚内踝处，抓趾、踩足（名曰鸡腿形）；两掌在右脚进步的同时变拳拨採，撤回至腹部两侧抱住，拳心向上；眼平视左前方。（图4-4-3、图4-4-4）

不停，左脚向左前方斜进一大步，右脚随之跟半步，重心偏右腿；同时左拳经胸前、面前向上钻翻转，由拳心向里转为拳心向外，停于头部右额角旁（拳心朝前），肘尖下垂（臂成斜角架起），右拳同时由腰部向前冲出，拳眼向上，肘部微屈，拳高与心窝齐；两眼平视左拳。（图4-4-5、图4-4-6）

图4-4-2 　　　　　　图4-4-3 　　　　　　图4-4-4

图4-4-5 　　　　　　　　　　　图4-4-6

要点：左脚向前直进与两手前伸要同时动作，右脚落地与两拳撤回也要动作协调，以上动作必须整齐如一，成右脚实、左脚虚停于右踝处。当左拳上穿时，要随身体的转动经胸前、面部钻过鼻前然后再向上翻滚，不要呆板上架，切不可横着直接向上架，架起后拳背挨前庭处，勿过高，右拳同时冲出，劲要由腰际发出。两肩要平，要向下松沉。

3. 右炮拳

左脚尽力向前方进一步，右脚迅速收靠在左脚内踝处，悬空停住抓住劲；同时，左拳变掌，由前向抓采下落，与右拳变掌相齐后同时收回变拳，紧靠腹部两旁，拳心均向上；眼平视右前方。（图4-4-7、图4-4-8）

不停，右脚尽力向右前方斜进一步，左脚随之跟半步，重心偏于左腿，不可前栽后仰，两腿弯曲；同时，右拳经胸前向上起穿，并向外拧劲，屈肘架于头前额上方（不挡眼为对），停住，拳心朝外，右肘微斜下垂，左拳即向右前方冲出，臂微屈，左拳与心窝平，拳眼朝上，两肩平沉；身体随左拳前冲而微向右转，看斜似正，看正似斜；两眼平视左拳。（图4-4-9、图4-4-10）

图4-4-7 　　　　　　　　　　　图4-4-8

图4-4-9 　　　　　　　　　图4-4-10

要点：与左炮拳完全相同，唯方向、左右相反。如此左右交替进行，次数根据本人体力及场地而定。

4. 炮拳回身

打出右炮拳后稍停，以左脚掌为轴，身体速向左后转，右脚随着转体方向向左后扣回落于左脚旁，左脚随即提起，紧靠于右脚内踝处；同时，右拳由前落下，与左拳变掌扭抓，一齐撤回到腹部两旁，再变拳心向上；两眼平视左前方。（图4-4-11、图4-4-12）

图4-4-11 　　　　　　　　　图4-4-12

接上势。再向左前方进左脚冲打右拳，成左炮拳势（图4-4-13、图4-4-14）。然后再垫左脚，进右脚冲打左拳，成右炮拳势（图4-4-15～图4-4-18）。

如此再向原来路线打回，动作完全与前势相同，唯进行方向相反。（图4-4-19～图4-4-22）

图4-4-13 　　　图4-4-14 　　　图4-4-15 　　　图4-4-16

图4-4-17 　　　图4-4-18 　　　图4-4-19

图4-4-20 　　　图4-4-21 　　　图4-4-22

5. 炮拳收势

打到原来起势处成右炮拳后，做炮拳回身势（参见前回身势说明），再打成左炮拳（注意打直了走斜线）。稍停，两拳由胸前下落垂于身体两侧；同时左脚收靠于右脚，成立正无极势还原；眼平视前方。（图4-4-23～图4-4-27）

图4-4-23 　　　　　图4-4-24 　　　　　图4-4-25

图4-4-26 　　　　　图4-4-27

三、炮拳用法

炮拳之动作似炮突然炸裂，其弹疾出，其性最烈，其形最猛，这里主要取其"心动如火焰"、爆发猛烈之意。其用法主要为裹打、挑打、点打、砸打等法。

裹打：指两手臂向下搂回过程中，向下裹砸封锁对手上肢，使对手前倾，根基动摇，重心不稳，为挑打创造条件。

挑打：指两手搂回的同时上钻挑击对手下颏、头部等处，属破法。

点打：点打指点穴，即出击之手点击对方胸、肋要穴及头面部。

砸打：这里主指用上架之拳（进步时）向前下方翻砸对手头面部。

裹、挑、点、砸及头撞、手扑、脚踏、蹬挫诸法，活学活用，丝丝紧扣，不给对手喘息的机会，如火烧身，一触即发，势不可挡。

炮拳说一：炮拳属火，是一气之开合，如炮忽然炸裂，其弹突出，其性最烈，其形最猛。在腹内则属心，在拳则为炮。演之合法，则身体舒畅而气和；演之不合，则四体不顺而气乖。其气和，则心中虚灵，其气乖，则心中蒙昧。学者当深究之。

炮拳说二：炮拳之形似炮，性属火。由相生之理论之，火能生土，故炮拳能生横拳。以相克之理论之，火能克金，故炮拳能克劈拳。以五行隐于内诸言，心属火，以五行著于外者言，舌能通心。以五行生克之理，炮拳学之说也。炮拳为五行拳之四，然练习较五行拳中之余四拳稍为困难。因偶一背谬，即不易懂劲故耳。

炮拳歌一：两肘紧抱脚提起，两拳一紧要阳拳。前手要横后手丁，两拳高只肚脐抱。气就身法入丹田，脚手齐落三尖对。拳打高只与心齐，前拳虎眼朝上顶。后拳上钻眉上齐，虎眼朝下肘下垂。炮拳打法脚提起，落步前拳往上钻。后拳齐落十字步，后脚似连紧相随。

炮拳歌二：炮拳似炮性属火，生横克劈内外合。斜行何妨从军阵，五拳精义十三格。炮拳似炮性属火，生横克劈妙无双。斜行架冲顾兼打，摩胫跃步往前闯。

注：坎、震、离、兑四卦为四正，乾、艮、巽、坤四卦为四斜。坎为北，震为东，离为南，兑为西，乾为西北，艮为东北，巽为东南，坤为西南。在天干与五行相配之中，即谓之东方甲乙木，南方丙丁火，中央戊己土，西方庚辛金，北方壬癸水。

炮拳是阴阳一气之开合的运动。所谓开合，是指意、气、劲、力、形体的集聚和爆发。当合时意要敛，气要聚，劲要储，力要蓄，要合如包裹之不露。在外形上要体现出鸡腿、龙身、熊膀、虎抱头之象。开时意要领，气要吐，劲要发，力要达。开如炮弹之爆炸，体现出猛烈非常的急刚之绝劲。

注：膻中穴位于两乳之正中，它的代表穴位即是膻中穴，也是气之会穴，故在八会穴中谓之"气会膻中"（八会穴为：脏会章门、腑会中脘、筋会阳灵

泉、脉会太渊、气会膻中、血会膈腧、骨会大杼、髓会绝骨。"会"是统治、管辖之意。以上是指八会穴中的每一穴各能统治脏、筋、骨之意），是炮拳中之窍位。窍位即指拳术中气的开窍部位。

第五节　横拳学

一、横拳与五行、五脏、五官的关系

横拳五行属土，为阴，在腹内属脾，其外窍通口唇（人中）。在方位之中为正中，故为中央戊己土；在人身的窍位中为下丹田之气海穴；在身躯中的运用，则为中焦之脾气。

归足太阴脾经，其经脉起于足大趾内侧端（隐白穴），沿内侧赤白内际，上行过内踝前缘，沿小腿内侧正中线上行，在内踝上八寸处，交出足厥阴肝经之前，上行沿大腿内侧前缘，进入腹部，属脾络胃，向上穿过膈肌，沿食道两旁，连舌本，散舌下。其支者，从胃别出，上行通过膈肌，注入心中，交于手少阴心经。

横拳之意，圆滑似弹，是一气之团聚，其运行之妙在于拗步斜身，以横破直。练时头顶、项竖、沉肩、坠肘、腰塌、丹田抱气。出去之拳要连翻带拧，不能有曲劲，两手分开有撕棉之意，两肩暗含抽劲。进步时，后足大趾用力，起脾经之气自隐白上达于关元。出手拗步斜身，使脾经、胃府循环，并向上挟行咽喉达于齿根。脾经之气上下通透，故练横拳健脾。

左手臂微屈120°左右，两肘向下垂住劲，两手臂向内有裹抱劲。

（1）右拳横出时，头向上顶，腰部挺而塌，丹田抖放（腹部鼓荡），两手前后拉住劲。

（2）右手臂屈120°左右，左手臂屈100°左右（同钻拳相似）。

（3）两手出入相摩，如同拧绳一般。拗步斜身，顶头、竖项、拧腰、抖丹、顺胯。两脚前后踏住劲，两手如撕棉，有拉扯之意。

（4）步法同炮拳回身一样，唯两肘臂要求向内有裹抱劲，向外暗含撑绷劲，向下垂住劲。身体转动时要和顺，不能有起伏，手、眼、身、步协调一致。稍后，左手、左脚收回，还原成无极势休息。

拳经云："横拳属土，是一气团聚而后分散也。取诸身为脾，脾属土，土旺则脏腑滋和，百疾不生，所谓属土者是也，取之于拳为横拳。拳势顺，似土之活，滋生万物，五脏和蔼。一气之灌溉，拳势力拙，气势力拙，内伤脾土，五脏失调，外似死土，万物不生。故此拳为五拳之要素，学者宜慎思明辨之。"

所以土在横拳中的运用，主要是有土生万物之功，在形意拳中又有"起手不离横""凡动则有横"之说。无土则金不生，无金则水不生，无水则木不生，无木则火不生。无横则身死体僵，劈、崩、钻、炮也无由而生。故人之动，必寓横于中。

二、横拳练法

横拳既是顾法，也是打法。它的运动路线也是沿折线斜向前进，顺肘下拧裹而出。出拳时，既有前冲之力，又有横拨之劲。拳势含蓄有力，如弹击出，故有横拳似弹之说。

（一）横拳动作组成

预备势、左横拳、右横拳、横拳回身、横拳收势。

（二）横拳演练

1. 预备势

即无极、太极、四象最后变三体势，做法同前。（图4-5-1）

2. 左横拳

两掌变拳握紧；然后左脚向左前方斜进一步，右脚随之跟半步（蹚泥步），重心偏右腿；同时，右拳经胸前，由左臂肘下方顺着左臂向前冲出，同时右前臂外旋拧转至拳

图4-5-1

心向上（龙虎相交，双拳摩擦发力），拳高与心口平，肘部微屈，右臂似屈非屈，似直非直，成弧形；左拳随上体左转，撤至右臂肘部下方，拳心向下；眼看右拳。（图4-5-2～图4-5-4）

图4-5-2

图4-5-3

图4-5-4

要点：当右拳向前冲出时，拳心要由下慢慢向上、向外翻拧，左臂要向里、向下扣劲，两臂如同拧绳一样，不要有丝毫松懈。右拳既要有冲劲的力量，又要有含着向右方横滚的劲（不要过分显露于外），要拧裹直崩。两胯要缩劲，膝要暗扣，头要顶劲，肩要松沉。右臂要向前顺，身体步法要稳健。右肘要与左膝相合，成拗步姿势。

3. 右横拳

左脚向前垫步，右脚随之经左脚里侧向右前方迈一大步（摩膝擦胫蹚泥步），左脚再跟进半步（成斜三体势），重心偏于左腿；同时，左拳拧着劲由右肘下顺着裹着向前冲崩而出，拳心向上（双拳相错产生矛盾力），拳高与心口平，肘部微屈成弧形，左臂似屈非屈，似直非直；右拳随上体右转撤至左肘下方，拳心向下；眼看左拳。（图4-5-5～图4-5-7）

图4-5-5 　　　　　　　图4-5-6 　　　　　　　图4-5-7

要点：左脚垫步时，脚尖不要外撇，右脚进步要大，但必须经过左脚里侧走一弧形路线。身体不可起伏，要平稳前进。左肘要与右膝相合，成拗步姿势。上体和下肢要点与左横拳相同。

4. 横拳回身

打出右横拳（左拳右脚在前）后稍停，以左足掌为轴，身体向左后转，右脚随转动方向向左脚内侧扣步落地（图4-5-8），左脚随即提起，顺右脚内侧向左前方进一大步，右脚随之跟半步，重心偏右腿；右拳在身体转动时，由胸前经左肘下方向顺左臂藏着冲崩而出，拳心朝上，左拳随上体左转撤至右肘下方，拳心向下（成阴阳拳）；眼看右拳。（图4-5-9、图4-5-10）

图4-5-8 　　　　　　　图4-5-9 　　　　　　　图4-5-10

要点：左后转身时，身体不要散乱。两臂要随身体转动（右臂外旋，左臂内旋），两臂要相互拧劲。右脚向内扣步，身体要稳定、迅速、灵活，速度要快。

这样可以依原来路线方向打回去，进右步，打左拳。左右动作相同，往返趟数根据个人体力和场地条件而定。（图4-5-11～图4-5-16）

图4-5-11　　　　　　图4-5-12　　　　　　图4-5-13

图4-5-14　　　　　　图4-5-15　　　　　　图4-5-16

5. 横拳收势

打到原起势位置，待打出右横拳（即左拳、右腿在前）时做横拳回身势（图4-5-17、图4-5-18），再打出右横拳（图4-5-19），稍停（直线半步跟拗步），然后左拳顺右拳内侧龙虎交锋时劈出（图4-5-20），两掌由胸前下落，垂于身体两侧，同时左脚撤回靠拢右脚，两腿徐徐直起，成立正无极势还原；眼平视前方。（图4-5-21）

图4-5-17 　　　　　　　图4-5-18

图4-5-19 　　　　　　　图4-5-20 　　　　　　　图4-5-21

三、横拳用法

裹击为横拳的基本用法。横拳步法走的是三角形，即从侧面攻击敌人，前手封锁，裹住对手上肢，接着拗步斜身，用后手捣点，打击对手肋、胸部要穴，与钻拳的打法有异曲同工之妙。

横拳三要，重在"弹"。弹即抖，抖即绝。所以在形意拳中的踏、扑、裹、舒、绝五字诀中，均以抖绝为主。故曰："踏要绝，扑要绝，裹要绝，舒要绝，绝要绝，一绝无所不绝。"

踏要绝，犹如足踏毒物，既要猛，又要狠，掌踏趾抓不放松。扑要绝，犹如狸猫扑鼠、猛虎扑羊，既要疾，又要狠，全力以赴向前冲。裹要绝，犹如包物不露，紧闭门户，既要严，又要密，全体劲气相合一。舒要绝，是谓沾实展放，放长击远，既要纵放其力，又要狠毒透物。绝要绝，"遇敌好比火烧身"，一触则进，遇横则发，逢顺则格，遇捉即拿，一离则打，诸多用法，皆不离其抖绝，故言"绝者诀也"，均为土之弹也。

脾在横拳中的运用，主要是取其"脾动大力攻"之意。脾在三焦气中属于中焦之气，但由于脾之功能既有聚集上焦、下焦之气的作用，又有散发运化精气的全体各部的功能，因此说横拳是"一气团聚而后分散"的运用。

人中，在五官之中是主要通于脾的窍位，又是手阳明经、足阳明经和督脉的会穴。后天之生主脾，所以人中在中华医学之中是有起死回生的功效。在横拳之中，即是每当在横拳爆发出抖绝劲时，由于脾动的原因，人中（包括整个嘴唇）要有一定的紧凑之感。

横拳歌诀：脾主中进运自如，五行旋转土中枢。内外六合成一气，同中真意滚盘珠。

五行拳不过是以拳论拳，以气论气，以脉论脉，事实上在所有动作中的每一拳、每一势在发放劲力时，都要牵动五脏六腑、全体骨骼、所有经脉、每条经筋。虽说在练习时各分主次，但总是"一枝动百枝摇"。如劈拳绝不是单纯使用肺气，气血也绝不单循行手少阴心经和手太阳小肠经；崩拳也绝不单纯是使用肝气，气血也不只是单单流注手阳明大肠经和手厥阴心包经，而是"一动无不动""一本可散万株，万株咸归一本"。因此既不能不分主次，也不能把它们孤立地看待，因为每一拳、每一掌，都是五脏六腑、筋血骨肉、意气精神共同协调配合所产生的结果。

五行拳的练法有定步、跟步（垫步）、活步三种。跟步练法为前脚进一步后脚跟半步，手法基本不变，其发劲多为寸劲。活步练法与前两种不同，打拳上步同走路，身随步走，眼随手转，动作圆活灵通，是形意拳化劲的练法。

横拳说一：横拳属土，是一气之团聚也，在腹内则属脾，在拳则为横。其气要顺，顺则脾胃和缓，否则脾胃虚弱。又其拳要合式，合则内五行和而百体均舒畅。谬则气失和，而举动咸失措。总要性实、气顺、形圆、劲和，方能尽横拳之能事。先哲所云"在理则为信，在人则为脾，在拳则为横"是也。

横拳说二：横拳之形似弹，性属土。以相生之理论之，土能生金，故横拳能生劈拳。以相克之理论之，土能克水，故横拳能克钻拳。以五行隐于内者言，脾属土。以五行著于外者言，人中能通脾。此五行生克之理，横拳学之说也。

横拳歌一：前手阳拳后手阴，后手只在肘下藏。遇敌上卷气外拨，横拳换势剪子股。斜身要步脚手落，后手翻阳向外拨。落步阳拳三尖对，鼻尖脚尖紧相连。横拳打法后拳阴，前手阳拳肘护心。左右开弓往外拨，脚手齐落舌尖卷。

横拳歌二：横拳似弹性属土，生劈克钻切合弧。勾股三角极微处，心肝脾胃肾为主。横拳似弹性属土，生劈克钻用自如。起横落顺不露横，搭手能打又能顾。

第五章　五行连环与五行生克

五行连环拳就是五行合一演练，有内五行之说。内五行即肺、肝、肾、心、脾，因其存在于体内，故为内五行。外五行即肺通鼻、肝通目、肾通耳、心通口舌、脾通人中，这是五脏行诸于外者，谓之外五行。内中一动则外形必随。内中一气流行，外形就会和顺。外面形势之顺，是内中神气之和。外面形势之正，是内中意气之中，这就是内外合一。

五行拳合一，将拳练至中和之境。天地正位即阴阳相合，万物可生。五行归一合顺，内外一致，那么天地间之事便都可依理而知之。拳技亦云："起钻落翻之未发谓之中，发而皆中节谓之和。"起钻落翻亦为一气之节。练拳时在起落钻翻之未发谓之中，发时要合规矩，无过不及即谓和。天为一大天，人为一小天，天地阴阳相合能下雨，拳脚阴阳相合能成其一体产生招法，人阴阳相合不生疾病，男女阴阳相合可以有新生出现。

第一节　五行连环拳

一、拳法要义

五行连环拳，五拳合一进退连环，进打退打，左右打，钻裹拧翻连环崩达至中和之境。形意拳之根本是"中"，"和"是形意拳中的道理，就是中节。达者，通晓也，道在拳中即为拳中的道理，亦即规矩法则。练时皆合拳中规矩法则，将拳练至中和，即阴阳相济。

五行即一阴阳也，阴阳一太极也，太极本无极也。五行之生也，各一其性，无极之真，二五之精，妙合而凝。能察知欲动之意，便能达到神妙之极。

进退连环掌是形意拳的传统套路之一。它是以五行拳为基础内容编制的一个单练拳套，结构短小紧凑，劲力笃实浑厚，是形意拳中一个最基本的开首套路。

二、五行连环拳动作组成

预备势、进步右崩拳、退步左崩拳（青龙出水）、顺步右崩拳（黑虎出洞）、横步抱拳（马步势、白鹤亮翅）、进步炮拳（拗步左炮拳）、退步左劈掌（青龙探掌拗步）、包裹手（连环穿钻）、独立钻拳（狸猫上树）、疾步崩拳、回身势（狸猫倒上树）、回演重复、收势。

三、动作演练

1. 预备势

即由无极、太极、四象变三体势。（图5-1-1～图5-1-4）

图5-1-1 　　　图5-1-2 　　　图5-1-3 　　　图5-1-4

2. 进步右崩拳

两掌变拳握紧；然后左脚前进一步，右脚随之跟进半步，重心偏右腿，前脚跟与后脚跟相对，在一条线上，两脚距离20～30厘米，成拗步三体势；同时，右拳顺着左臂中节处摩擦向前崩出，拳眼向上，拳面微向前倾，左拳拉回腰部左侧，拳心向上，肘护住肋部；眼看右拳。（图5-1-5～图5-1-8）

图5-1-5 　　　　　　　　　　　图5-1-6

图5-1-7 　　　　　　　　　　　图5-1-8

要点：左脚前进落地与右拳打出要整齐一致，抬脚不要过高，后脚极力前蹬，前脚蹚、踏、踩、搓。舌顶、提肛、顶头、塌腰、抽肩、抽胯，身体要平稳。

3. 退步左崩拳（青龙出水）

左脚、右拳不动，右脚向后撤半步，然后左脚再顺着右脚方向撤至右脚后方，两腿交叉，左脚顺，右脚斜横，左脚跟微离地面，成稍蹲姿势（剪子股形）；左脚向后撤时，左拳顺右臂方向摩擦崩出，拳眼向上，右拳同时拉回右腰部；肘护肋，拳心向上，拳挨腹部；眼看左拳。（图5-1-9～图5-1-11）

图5-1-9 　　　　　　　　　图5-1-10 　　　　　　　　　图5-1-11

要点：退右脚位置不动，右肩也不可随着向后扭转。左脚后撤时，先用力以脚跟触地，在离开地面时，两腿膝部要靠紧，力坐在后腿上（左膝抵住右膝弯处）。左脚后撤与左拳前打要整齐一致。两肩向下沉。

4. 顺步右崩拳（黑虎出洞）

右脚向前一步，左脚随之跟半步；同时，右拳顺着左臂弯处摩擦和右脚方向直向前打出，拳眼向上，高与心口平；左拳撤至腰部左侧，拳心向上，成右拳右脚在前的顺步崩拳姿势；眼看右拳。（图5-1-12、图5-1-13）

图5-1-12 　　　　　　　　　　　图5-1-13

要点：右脚前进与右拳打出要整齐一致。两肩向下沉，左肘与左肋部要靠紧。头要顶劲，腰要下塌。

5. 横步抱拳（马步势、白鹤亮翅）

继上势。扣右脚，右臂屈肘回挂，右拳贴近腹部由上向下画弧，拳心向里，左拳随之向上崩起（双拳背向上），经头部前上方分开，再由两侧下落画一立圆收到腹前，右拳落在左掌心内；扣左脚，上身稍右转，同时右脚撤到左脚前方；弓腰，鼻尖对右脚尖；眼看右手（这是用下锁手上面头点击对方）。（图5-1-14～图5-1-17）

图5-1-14 　　　　　　　　图5-1-15

图5-1-16 　　　　　　　　图5-1-17

要点：右拳下挂、扣右脚要一致，两臂与腹部要靠紧（扣丹田）。两肩要尽力向下沉劲。两臂分开与撤左脚同时整齐。眼先看左方，再急回看右方向。右拳落在左掌心和右脚撤回要一致，手脚发出一响音，体现整齐一致（左手背砸丹田、震右脚宜可）。头前下点击，气沉丹田，松肩、抽胯。两前臂要紧靠腹部，不可离开。

6. 进步炮拳（拗步左炮拳）

上势不停。右脚急向前迈一步（身体略偏向左），左脚向前跟进半步；同时，左掌变拳向前打出，右拳经胸前向上钻翻转冲斜架，停于前额处，成右脚、左拳在前的拗步姿势（三体势不变），拳眼向上；眼看左拳。（图5-1-18、图5-1-19）

图5-1-18 　　　　　　图5-1-19

要点：右脚前进落地要与左拳打出整齐一致。右拳穿架时，拳心要由内转向外，先向上钻穿再向外翻转，不要横架。肩要沉，肘要坠，腰要塌。

7. 退步左劈掌（青龙探掌拗步）

接上势。右拳变掌向体前下劈，掌心向外，高与鼻齐，左拳同时变掌，回拉至右肘处；左脚随之向后撤一小半步，眼看右掌（成拗步劈掌）。然后左掌顺着右前臂上方摩擦向前搓穿，高与鼻齐；右脚随之顺左脚向后撤一大步；右掌回捋带，停于腹前（成左鹰捉劈掌）；眼看左掌。（图5-1-20~图5-1-22）

图5-1-20 　　　　　　图5-1-21 　　　　　　图5-1-22

要点：以上两个动作须连贯起来，中间不要停。右拳变掌向下落时，要有向对手面部发颤抖力，左手有回拉劲。左脚先撤，随即右脚撤一大步。两手连环不断随步后撤往前劈击（名曰退步连环打），打成顺步劈掌。要做到沉肩坠肘，含胸拔背，提肛撮领，气沉丹田。

8. 包裹手（连环穿钻）

前势稍停。右脚不动，身体稍向右转；两手皆先将中指、无名指、小指极力一齐卷回，两手大指、食指皆伸直，两手心均暗含与两肩相合着抽劲，不可显露；再将左手往回捋劲落至小腹处，两虎口相对，扣住丹田；同时左脚可回勾挂敌腿，变虚步；眼看前方（图5-1-23、图5-1-24）。不停，左手由胸前向上经口前钻出，同时右手顺左臂下方钻出，高与喉咙齐；然后左脚前进一步，右脚随之跟半步；左八字手向里翻转，捋拉回腹部左侧，左拳心向下，眼看右八字手，右拳心向上（成拗步右钻手）。（请参看反向图5-1-25～图5-1-27）

图5-1-23 　　　　　　图5-1-24

图5-1-25 　　　　　　　图5-1-26 　　　　　　　图5-1-27

要点：两掌变八字手收回要整齐一致。右手向上钻出和左脚进步落地也要完整协调。松肩松胯，腰要塌，头要顶。

9. 独立钻拳（狸猫上树）

接上势。左脚直向前垫半步，膝部微屈；同时，右手翻转锁喉（成一大三体势）；右腿随之向上提起，脚尖斜外向上勾；右手同时再翻转握拳，拳心向上，左手变拳，钻至右手臂弯处；然后右脚跟用力向前下蹬踩落地，左脚随之跟进半步，脚跟欠起，成右前脚斜，左右脚顺，两腿交叉半蹲姿势（剪子股形）；同时左拳顺右臂内侧上摩擦前伸，双手撕拉向前、向下劈出，前手高不过眉，低不过口，右拳变掌撤至腹前；眼看左掌食指尖。（图5-1-28～图5-1-32）

图5-1-28 　　　　　　　图5-1-29

图5-1-30 　　　　　　　图5-1-31 　　　　　　　图5-1-32

要点：右脚提起前蹬时，左脚不可伸直，并保持平衡稳定。右脚落地要与左掌前劈动作完整一致，左脚垫步、右手翻转也要一致。总之，右八字手连环翻滚最后变成握拳，双拳齐整前伸与左腿独立一致，右脚落地，左脚紧跟，两腿交叉坐盘时，后腿膝部要与前腿胭窝抵紧，力坐在后腿上。头要顶，肩要松沉，塌住腰，坐住胯。

10. 疾步崩拳

继上势。两掌变拳；右脚先向前垫步，然后左脚向前进一步；同时，右拳顺左前臂上摩擦直向前搓出，拳眼向上，左拳拉至左腰侧，拳心向上，前臂紧摩擦肋部。不停，右脚再顺着左脚向前进一步，同时左拳顺右前臂上摩擦直向前搓出，拳眼向上，右拳拉回右肋部摩擦，拳心向上；然后左脚继续向前进一步，右脚随之跟半步，重心偏于右腿；同时右拳顺左臂直向前崩出，拳眼向上，左拳撤至左腰侧，拳心向上；眼看右拳。（图5-1-33～图5-1-36）

图5-1-33 　　　　　　　图5-1-34

图5-1-35 　　　　　　　　图5-1-36

要点：右脚向前垫步时，身体姿势不变。左脚进步时要远、稳、急、快，形成左、右、左连续进步，一步跟一崩拳，都是拗步崩，追着打。身体不要忽高忽低，要平衡蹚着走。松肩松胯，垂气垂肘，眼平视。

11. 回身势（狸猫倒上树）

接上势。左脚尖向里扣步，以右脚掌为轴，身体向右后转180°；同时，右拳屈肘收回腰部右侧，拳心向上，重心偏于左腿；眼平视前方。（图5-1-37）

上势不停，右臂外旋，由胸前经下颏向上、向前钻出，高与鼻尖齐平，左拳同时上钻至右肘窝处；右腿急向上提起，脚尖斜外上勾翘，膝尖与右肘尖相对一二寸许，然后，右脚脚跟用力向前、向下横踩着地，左脚也随之跟进半步，脚跟着地，左膝膝部与右膝腘窝顶紧，后腿微屈下蹲，成半步坐盘势（剪子股形）；同时，左拳顺着右臂内侧臂内旋上钻，变掌向前、向下劈出，前手高不过口，低不过肩，右拳变掌捋回至腹前；眼看左掌食指尖。（图5-1-38~图5-1-41）

图5-1-37 　　　　　　　　图5-1-38

图5-1-39 　　　　　　图5-1-40 　　　　　　图5-1-41

要点：转身速度要快，身体不可忽起忽落。右脚提起向前蹬时，左腿不可伸直，要保持平衡稳定。右脚落地要与左掌前劈动作完整一致。两腿交叉坐盘时，后腿膝部要与前腿腘窝顶紧，力点坐在后腿上；头要顶、肩要沉、腰要塌。

回演重复

以上是进退连环拳的单行动作，一般向前重复打两次，回身后动作仍与上述各势动作相同，唯行进方向相反。如果再继续向原来方向回打时，仍是垫前脚（右脚）进左步打右崩拳，再下接青龙出水势、黑虎出洞势、白鹤亮翅等，与上述动作完全相同，故这里不再附图，请参阅前面说明练之。

12. 收势

往返一次打到原来起势位置回身，回身后收势，其动作与五行拳的"崩"拳收势完全相同。（图5-1-42～图5-1-81）

图5-1-42 　　　　　　图5-1-43 　　　　　　图5-1-44

图5-1-45 　　　　　　　　图5-1-46 　　　　　　　　图5-1-47

图5-1-48 　　　　　　　　图5-1-49 　　　　　　　　图5-1-50

图5-1-51 　　　　　　　　图5-1-52 　　　　　　　　图5-1-53

图5-1-54 　　　　　　　　图5-1-55 　　　　　　　　图5-1-56

图5-1-57 　　　　　　　　图5-1-58 　　　　　　　　图5-1-59

图5-1-60 　　　　　　　　图5-1-61 　　　　　　　　图5-1-62

图5-1-63 　　　　　　　　图5-1-64 　　　　　　　　图5-1-65

图5-1-66 　　　　　　　　图5-1-67 　　　　　　　　图5-1-68

第五章　五行连环与五行生克

图5-1-69 　　　　　　图5-1-70 　　　　　　图5-1-71

图5-1-72 　　　　　　图5-1-73 　　　　　　图5-1-74

图5-1-75 　　　　　　图5-1-76 　　　　　　图5-1-77

图5-1-78 　　　图5-1-79 　　　图5-1-80 　　　图5-1-81

五行连环拳歌：條（条）进條退势连环，忽短忽长义理详。混合一气范围广，循环左右若傍墙。

第二节　五行生克对练

一、对练要义

五行生克对练也称五行炮。五行生克也是形意拳对练套路之一，虽然结构简单，但却是根据五行相生、相克之原理编制成的，是五行拳在攻防技击上的具体应用。在对练中亦以熟练快速为佳。五行相生在拳路中是金（劈）生水（钻），水（钻）生木（崩），木（崩）生火（炮），火（炮）生土（横），土（横）生金（劈）。五行相克在拳路中是金（劈）克木（崩），木（崩）克土（横），土（横）克水（钻），水（钻）克火（炮），火（炮）克金（劈）。这只不过是一种形式，功夫纯熟后，可以任意变化，不局限于形式。

前者五行单习，是谓格物修身，就是指深究事物的道理取得知识。见《礼·大学》："致知在格物。"修身，是说涵养德性，并能实践，修养身心，内外一致。施之于拳术，单习时务要深究各形之理，一气流行，内外一致，内修外养，练拳之道就可以达到了。

后者五行拳合一演练，是谓连环，为齐家。有克明德之理，此谓齐家，是五行拳各得其当然理之所用，而又谓明德之至善也，是能够光明之德也。见《礼·大学》"大学之道，在明明德。"按克明德是说，五行拳单练，能格物修身，五行拳合演，则能齐家、显明德。这便是五行拳各得其用，是按其当然之理而应用之。

五行拳按各形之理，深思体验便能各得其用。如能用之得当，就能达到明德最好的境界。

二、动作演练

甲、乙两人（甲着深色服装，乙着浅色服装）各站方位，合演对练。都以三体势预备（两人分上下手）。甲为上手，乙为下手。无极势并立，四象，三体势对战。（图5-2-1～图5-2-4）

图5-2-1

图5-2-2

图5-2-3

图5-2-4

（1）乙先进步，用右手打崩拳（半步跟拗步）（图5-2-5）。甲用左手扣乙的右拳，两足亦同时向后撤步，左脚仍在前，右手仍在右肋。

图5-2-5

（2）乙再进步，用左手仍打崩拳，半步跟（顺步崩）。然后甲速撤左脚，右手扣住乙的左崩拳（图5-2-6）。同时乙又打出右崩拳，半步跟。甲速撤右脚，左手扣住乙右崩拳（图5-2-7）。不停，乙又连续打出左崩拳。甲将左脚尖向外斜横着垫步，左手起钻仍与劈拳相同，钻至乙的左手外边，手心向里停住，右手急速从右肋向着自己的左手出去，再向乙的头肩劈下去，右足亦与右手同时进至乙的左足外后边落下。是劈拳能破崩拳，又为金克木。（图5-2-8）

（3）乙再将左拳往上钻翻（坠肘、手腕朝里向外翻），右手速向甲的心口打去，两脚不动，是谓炮拳。所以崩拳属木，炮拳似炮属火，木能生火。崩拳能变炮拳，炮拳属火，火克金，所以炮拳能破劈拳。（图5-2-9）

图5-2-6 　　　　　　　　　　　图5-2-7

图5-2-8 　　　　　　　　　　　图5-2-9

（4）甲再将右脚提起抽回，至左脚前面，脚尖向外斜横着垫步；左手往下落向内裹劲，肘靠肋压住乙的右手，即速将自己的右手抽回右肋；再将左脚向前进步至乙的左脚里边。右拳手心向上，顺着自己身子，肘靠着肋，与左脚同时向着乙的左手里边下颏钻去，两眼看乙的眼，伺机变动。此为钻拳能破炮拳。劈拳属金，钻拳属水，是金生水，劈拳能变钻拳。水克火，所以钻拳能破炮拳。（图5-2-10）

（5）乙再将右手抽回右肋，左手同时斜着劲，向着甲的右肘上胳膊掩挫去。这是为了取甲的斜劲，两脚不动，又为横拳能破钻拳。炮属火，横属土，火生土，是炮拳能变横拳。土克水，所以横拳能破钻拳。（图5-2-11）

图5-2-10 　　　　　　　　　图5-2-11

（6）甲再将右手带回，左手同时对乙的心口打去，两脚不动，此为崩拳。钻拳属水，崩拳属木，水生木，是钻拳能变崩拳。木克土，所以崩拳能破横拳。（图5-2-12）

图5-2-12

（7）乙即将右手扣甲的左拳，再将左脚撤回至右脚后边，如劈拳形势。（图5-2-13）

（8）甲再进步打右手崩拳（半步跟）。乙再将左手扣甲之右拳，乙的右拳右脚如前撤回。（图5-2-14）

图5-2-13

图5-2-14

（9）甲再进步打左手崩拳（半步跟）。（图5-2-15）

图5-2-15

（10）乙即将左手如单打劈拳势，从小腹处钻出在甲的左手外边，手心朝上，再出右手进右脚，劈法进击，各项的劲，与甲的第一势相同。此势亦劈拳破崩拳，谓之金克木也。（图5-2-16～图5-2-23）

图5-2-16

图5-2-17

图5-2-18

图5-2-19

图5-2-20

图5-2-21

图5-2-22　　　　　　　　　　　图5-2-23

（11）五行生克拳（五行炮）

再演甲为乙的前势，乙为甲的前势，来往循环，直如一气之伸缩往来之理。若得此拳之意味，真有妙不可言处。先哲云："太极之真，二五之精，亦是此拳之意义也（所谓二五，二指阴阳，五指五行）。"趟数不限，视场地情况而定。

相生歌：

劈能生钻钻生崩，崩能生炮炮生横。横能生劈各形本，万物于土五行生。

相克歌：

劈能克崩崩克横，横能克钻钻克炮。炮能克劈归易理，不外五行求真谛。

第六章　孙氏形意十二拳

形意拳十二形：龙有搜骨之法，虎有扑食之勇，猴有纵山之灵，马有蹟蹄之功，鼍有浮水之精，鸡有展翅之能，鹞有入林之巧，燕有抄水之功，蛇有拨草之功，鹘有竖尾之能，鹰有捉拿之精，熊有竖项之力。

十二形拳是以象形取意的方法，吸取多种动物的本能特长而编制的一些基本动作组合，既是一些突出每形特点的基本拳法，又是一些短小精干的基本套路。它包括龙形、虎形、猴形、马形、鼍形、鸡形、鹞形、燕形、蛇形、鹘形、鹰形和熊形。其拳势形象活泼，劲力各有侧重，动作灵活多变，是形意拳的主要内容之一。在五行拳熟练之后，应系统而严格地学练十二形拳，才能进一步提高身体素质，为掌握一些较为复杂的套路和进行对练打好基础，也为提高技击水平提供身体条件和技术条件。

形意天地化生十二形，天以阴阳、五行之精化生万物，一气成形，阴阳变化之理即铺陈在内了。练拳能阴阳相济，五行中和，"中"是形意拳之根本，所以形意拳由此而出。气指先天一气，理指阴阳变化之理。虽然物得天地之气偏，其能长短各异，从无兼全者，但都能遵循先天所给予的性能而随时起止，直到完成。人受天地之气与理虽全，但只守一理，而不能对万物之理性明了透彻，致危及自身性命，这种罪责是人自己应该负的。人在练拳时，通过实践，对于十二形中之物的性能深思其理，采其所长，以为己用，如此则能内修其德，外练体魄，身体自能强壮。天理，指天地阴阳变化之理，随生俱来。

第一节　龙形

一、龙形要义

龙形锻炼身法之伸缩起落，手法之钻翻屈伸，步法之盘曲转换。要求起如伏龙升天，落如蛰龙翻浪，体现龙有搜骨之法的妙用。龙形练习时，一起一落沿直线进行，要求下肢盘坐稳健，拧腰折身，身体贴近地面，身法灵活矫捷，吞吐起伏要轻灵，手法起钻落翻，都要拧裹不懈。

搜骨二字，各家引用均无解释。搜，古人作摎（sou 艘），《玉篇》解作"聚也"龙既有升降、起伏、屈伸变化之能，当从紧聚收缩其筋骨开始。一张一弛，一伸一屈，然后才能万变。因此窃疑搜骨即缩骨，搜与缩声母同，韵部通（同属江有诰《古韵二十一部总目》第三部，搜平声，缩入声，平如相配），故搜可借为缩。龙形之劲起自承浆穴（即唇下陷处）即任脉起处，其气下降。

二、龙形动作组成

预备势、龙形左起落势、龙形右起落势、龙形左起落势、起身跳步双劈掌、回身势、龙形右落势、龙形左起落势、起身跳步双劈掌、回身势、龙形右落势、龙形左起落势、收势。

三、龙形演练

1. 预备势

即三体势。（图6-1-1～图6-1-4）

图6-1-1 　　图6-1-2 　　图6-1-3 　　图6-1-4

2. 龙形左起落势

两掌变拳（左掌边捋回边变拳），左掌由体前向下落经腹部变拳往上钻，发自心，出自口，如托下颏状从口吐出，拳心向上，高与鼻齐平，往前挫钻，右拳随即沿左臂内侧向上、向前摩擦伸出，伸到两拳接近时，迅速向内翻转变掌向体前下劈按，高与心口平；左掌捋至左胯旁，撑住劲，臂成弧形；两掌下劈按的同时，身体向左转，左脚随之向外撇（左脚尖为轴），右脚（后脚）扭直，脚跟离地，身体略向前俯，两腿屈膝下蹲，成全蹲坐盘姿势（俗称骑龙步）；两掌掌心均向下，两眼前视右手食指。（图6-1-5～图6-1-10）

图6-1-5　　　　　图6-1-6　　　　　图6-1-7

图6-1-8　　　　　图6-1-9　　　　　图6-1-10

要点：身体下蹲和两掌向下劈按的动作要协调一致。速度要快，猛向下蹲，臀部要接近后脚跟。身体下伏，两胯松劲，头要顶，项要竖，腰要塌住劲，肩要松沉。肘部下垂，气沉丹田。

3. 龙形右起落势

两掌变拳（右掌随落随抓握变拳），右掌也由体前收回，经腹部变拳上钻至胸部，贴近下颏处向上、向前伸，拳心向内，高与鼻尖齐平；同时，身体向上跃起，两脚用力蹬地弹起，两脚在空中换成右前左后的交叉步；左拳随即顺着右臂内侧向上摩擦，至两拳接近时，迅速向内翻转撕扯变掌搓向体前下劈按，高与心口平，右掌捋至右胯旁撑住劲，臂成弧形；两掌向下劈按的同时，身体右转，屈膝猛向下蹲，两腿成全蹲坐盘势（俗称骑龙步），右脚尖外撇，左脚脚跟离地，两掌掌心均向下，身体略向前俯；两眼前视左手食指。（图6-1-11～图6-1-16）

图6-1-11　　　　　图6-1-12　　　　　图6-1-13

图6-1-14　　　　　图6-1-15　　　　　图6-1-16

要点：身体上纵时，要与两臂上伸动作一致，下落时要和两掌下劈按动作整齐一致。两脚须在空中交换，速度要快。

4. 龙形左起落势

同动作3，唯左右相反。（图6-1-17～图6-1-22）

图6-1-17

图6-1-18

图6-1-19

图6-1-20

图6-1-21

图6-1-22

要点：与右起落势相同，都要沉肩垂肘，腹式呼吸。如此反复练习，次数根据个人体力及场地大小而定。

5. 起身跳步双劈掌

两掌变拳（左右掌边挦回边变拳），右拳由体前收至腹部，经胸部上钻（发自心出自口，如口中吐物），如托下颌状向前上挫出，拳心向内再向上（高不过眉，低不过口），高与鼻尖齐平，左拳随即钻至右手臂内侧弯处；同时上身直起，右腿提膝，右膝紧贴胸部，右脚尖向上勾并尽力向外撇，然后用左脚向前纵跳一步（单腿跳，双脚也可前踹后蹬），右脚跟向前踩落，两腿半蹲成右前左后的交叉半坐盘势（俗称剪子股）；同时，左拳顺右臂内向上摩擦至两拳接近时，迅速内翻撕扯变掌向前劈按（名曰龙虎相交发力），高与心口平，右掌随即挦至腹部；眼看左手食指。（图6-1-23～图6-1-28）

图6-1-23　　　　　图6-1-24　　　　　图6-1-25

图6-1-26　　　　　图6-1-27　　　　　图6-1-28

要点：右拳向上钻要与左脚纵跳动作一致。右脚向前踩踏，要脚跟用力，要和左掌前劈按下落一致，须完整协调。

6. 回身势

接上势。右手拉回至右腰侧，拳心向上，左脚尖内扣，右脚掌为轴，身体向右转180°。同时右拳经胸前上钻，从下颏处向前上方挫出；然后左腿屈膝上提，脚尖上翘；右拳也同时到位至左臂弯处，右腿微屈；眼看左拳。（图6-1-29～图6-1-31）

图6-1-29　　　　　　图6-1-30　　　　　　图6-1-31

7. 龙形右落势

左脚横向下踩踏，身体速向下蹲，右脚扭直，脚跟离地；同时右拳从左臂内侧摩擦上挫，伸到两拳相近时迅速撕扯（如撕棉状），变掌翻转，直向体前下劈按（距地面20～40厘米），左掌捋抓回右胯旁，臂成弧形，掌心均向下撑劲；右掌心向下劈按和下蹲的同时，身体向左转，成全蹲坐盘姿势；眼看右手。（图6-1-32～图6-1-34）

图6-1-32　　　　　　图6-1-33　　　　　　图6-1-34

8. 龙形左起落势

同动作3，唯行进方向相反。

9. 起身跳步双劈掌

同动作5，唯行进方向相反。

10. 回身势

同动作6，唯行进方向相反。

11. 龙形右落势、12. 龙形左起落势

这两个动作皆与动作8、9完全相同，唯行进方向相反。

13. 收势

打到原起势位置，接着打成龙形左势，然后，身体上起，左脚扭直，右脚外撇；同时，左掌由右掌下向前穿出，右掌捋至腹前，眼看左手，成三体势；然后再收左脚左掌，成立正无极还原姿势。（图6-1-35、图6-1-36）

图6-1-35 　　　　　　　图6-1-36

龙形歌诀：搜骨伸缩是其能，升降之形性属阴。拳顺能使心火降，肾水上升劲平衡。

第二节 虎形

一、虎形要义

虎形动作是模仿虎的威严姿态和扑食勇猛的特长编制的。要求足要蹬劲，纵步要快、要远，抬脚不可过高，落步要稳健，沿折线前进；两手要起钻落翻明显，向前、向下扑按要走弧形，实际上相当于"双劈拳"。身体要与两掌劈按动作协调一致，显现出老虎扑食之猛，故虎形俗称"虎扑"。

虎形之气自臀尾长强穴即督脉起处，其气自下上升。所以说龙虎二形一前一后，一升一降，二气轮回相接。其拳顺，则清气上升，而脑筋足矣。其拳逆，则浊气不降，而诸脉亦不贯通矣。医书云：督脉为百脉之原，督脉一通，诸脉皆通，在腹内为肾水清气上升。丹书云："虎向水中升是也。"又为风，风从虎，在拳中而为虎形。

二、虎形动作组成

预备势（无极、太极、四象、三体势）、虎形左势、虎形右势、虎形左势、虎形右势、回身势、虎形左势、虎形右势、收势。

三、虎形演练

1. 预备势

即三体势。（图6-2-1）

图6-2-1

2. 虎形左势

左脚前垫半步；左掌随之略前引伸，掌心翻转向右，指尖向前，同时右掌由体前直向前伸，掌心向左，指尖向前，两掌心斜相对；沉肩垂肘，两眼平视前掌。（图6-2-2）

图6-2-2

右脚经左踝里侧摩膝擦胫，尽力向前进一大步，将落未落时，左脚迅速提在右踝内侧，脚趾抓着，脚跟悬着，踏住劲紧靠右腿踝关节处，两腿屈膝半蹲，成右独立步（俗称鸡腿）；同时，两掌由体前往回捋采，再同时变拳，屈肘收抱于腰部两侧，两拳心均向上；两眼平视左前方。微停，右脚蹬地，左脚向左前方斜进一大步（名曰蛇形步或称三角步），右脚再随之跟进半步，两脚跟前后相对，重心偏于右腿（三体势）；同时，两拳边臂外旋边由腹部钻起，拳心向里，钻至口前时，猛然臂内旋边变掌边向前下方扑按，高与胸齐，掌心向前，两虎口相对；眼看左掌食指尖。（图6-2-3～图6-2-5）

图6-2-3 　　图6-2-4 　　图6-2-5

要点：左脚向前垫步要与右掌前伸一致。左脚落地不停，即刻用力蹬地进右步，一直往前，速度要快，中间不停，身体保持平稳。右脚向前纵步，要与两掌捋抓撤回的动作同时进行，不可有先后。两臂要紧靠两肋，不可外张，左腿要贴住右腿踝关节处，不可触地。腰要下塌，头要顶劲，身体要稳定。左右脚前进要和两掌向前按一致，掌要向上钻，贴近胸部到口前，两掌再速向前下扑按的动作整齐一致。两掌扑出要走弧形路线，不可直推。扑按时要沉肩、坠肘、塌腰、竖项，两膝微内扣。

3. 虎形右势

左脚向前垫半步，右脚也随之跟至左脚踝关节处，两腿紧靠，右腿微离地面，脚趾抓足跟踏，两腿屈膝半蹲，成独立步（鸡腿步）；同时，两掌抓捋变拳，屈肘撤回抱于腹部两侧，拳心向上，两前臂紧靠两肋；眼看右前方。（图6-2-6、图6-2-7）

不停，左足蹬地，右脚向右前（偏右）方尽力斜纵一大步，左脚随之跟进半步，两足跟前后相对，重心偏于左腿；随之两臂外旋，顺着胸部向上钻出，钻至口前时，猛然臂内旋变掌，向前、向下扑按，高与胸齐，掌心向前，两虎口相对；眼看左手食指尖。（图6-2-8、图6-2-9）

图6-2-6　　　图6-2-7　　　图6-2-8　　　图6-2-9

要点：左脚向前垫步时要与两掌撤回的动作同时进行。撤回后，两臂紧靠两肋，肘尖不可外张。右脚要贴紧左踝关节，脚掌不可触地。腰要塌，头要顶，身体要稳定。右脚前进和两掌翻转向前、向下扑出动作要整齐协调。两掌扑出时要走弧形路线，不可直向外推。两掌扑出时要沉肩、坠肘、塌腰、竖项，气沉丹田，两膝微向内扣。如此左右势向前扑去。

4. 虎形左势

右脚向前垫半步，左腿也随之跟到踝关节处，两腿靠紧，左脚掌抓扣，两腿屈膝半蹲，成右独立步；同时，两掌变拳撤至腰部两侧，拳心向上，两前臂与腰部靠紧；眼看左前方。完全与前左势的动作及要点相同。（图6-2-10～图6-2-13）

图6-2-10 　　　　图6-2-11 　　　　图6-2-12 　　　　图6-2-13

5. 虎形右势

同动作3。

6. 回身势

打出虎形右势后，以左脚掌为轴，身体向左后转约180°；两掌随着转身变拳，收至腹部两侧，拳心向上；同时，右脚提至左脚旁扣步落地。将落未落时，左脚提起，靠在右踝内侧，两腿紧靠，脚趾回抓，脚跟蹬踩离地面；眼看左前方。（图6-2-14、图6-2-15）

图6-2-14 　　　　　　　　图6-2-15

左脚向左前方斜进一步，右脚也随之跟半步，两脚跟前后相对，形成三体势（距离20～40厘米），体重偏右腿；同时，两拳顺着胸部向上钻，拳心向里，钻至口前时猛然向里翻转变掌，向前扑按而出，高与胸平，掌心向前，两虎口相对；眼看左前方。（图6-2-16、图6-2-17）

图6-2-16 　　　　图6-2-17

要点：转身时速度要快（如猛虎扫尾），右脚落地不要离左脚太远。当右脚将要落地时，左脚即提起。身体要保持平稳，不可摇晃和忽起忽落。腰要塌，胯要坐，头要顶劲，两前臂要靠紧两肋。

7. 虎形左势

同动作4，唯方向相反。（图6-2-18～图6-2-21）

图6-2-18 　　图6-2-19 　　图6-2-20 　　图6-2-21

8. 虎形右势

同动作3，唯方向相反。（图6-2-22～图6-2-25）

图6-2-22　　　　图6-2-23　　　　图6-2-24　　　　图6-2-25

9. 收势

打到原来起势位置，转身打出虎形左势之后（不打斜势取直），将左脚收回靠拢右脚；两掌由胸前下垂于身体两侧，成立正无极还原姿势。（图6-2-26～图6-2-30）

图6-2-26 　　　　图6-2-27 　　　　图6-2-28

图6-2-29　　　　　　　　图6-2-30

虎形歌诀：猛虎扑食势凶勇，性属阳刚坐窝能。拳顺清气能上升，力达两掌显威风。

第三节　猴形

一、猴形要义

猴形有舒臂之力，攀叼之法。因此，猴形要体现猴子的轻巧、灵活、闪展、腾挪等特点，是十二形中最为灵活的一形。动作中包括左右旋转前进、后退纵跳伸缩。练习时，既要求快速有力，又要求灵活敏捷。在运动中，要注意姿势稳定、沉着、连贯、完整、协调、和顺。其拳顺，则心神定静，而形色亦能纯正。其拳谬，则心神摇乱，而形色亦即不和，手足亦即失宜矣。孟子云：根心生色现于面，盎于背，施于四体，亦此气之谓也。

人腹内心气正，面上神色就正，四肢动作亦会中和、协调。以下几句引自《孟子·尽心上》，原文云："君子所性，仁义礼智根于心，其生色也，睟然见（音现）于面，于盎背，施于四体，四体不言而喻。"

猴形之技虽不易学，但若深究其理，细细揣摩此物之性，然后用功实践，不仅能养成专一的精神，且能使身体轻便起来。"学问之道无他，求其放心而已矣"。求其放心，是将放出去的心收回来，专心致力于学习。

二、猴形动作组成

第一段：预备势、左转身猿猴挂印势、猿猴叼绳势、猿猴爬竿势；第二段：右转身猿猴挂印势、猿猴叼绳势、猿猴爬竿势；第三段：左转身猿猴挂印势、猿猴叼绳势、猿猴爬竿势、收势。

三、猴形演练

第一段

1. 预备势

即三体势。（图6-3-1）

2. 左转身猿猴挂印势

左掌向下、向里回捋至腹部，再经胸前往上钻，如托下颏状钻出，拳心向上；同时，左脚随之退至右脚内侧，微停，身体速向左转，左脚向前迈一步，脚尖外撇（摆步）；同时左拳向外挫钻，高与鼻尖平，小指翻天，右掌同时握拳在腹部，拳心向上，肘护住肋；眼看左拳。（图6-3-2、图6-3-3）

图6-3-1

图6-3-2 　　　　图6-3-3

体重移于左腿，身体继续向左转动，右脚向左脚内侧扣步，成八字形（脚掌贴地面弹蹬），然后左脚再顺着右脚跟方向速后纵一大步；同时右拳顺着左前臂内侧起钻，双拳相交时，两拳变掌，右掌由左掌背上面前伸，翻掌准备刁抓，高与眼平，左掌捋回腹前，两掌掌心均向下，重心偏于右腿；眼看右手。（图6-3-4、图6-3-5）

图6-3-4 　　　　　　　　　图6-3-5

要点：左掌收回和翻转外钻要和左脚的收回外摆动作整齐一致。眼神要随着身体转动。扣右脚时，要尽力向左转腰。左脚后纵和右掌前伸要一致。

3. 猿猴叼绳势

不停。右脚速向后撤半步，脚掌着地，膝部微屈，重心在左腿，成右脚虚步；同时右掌手至裆前，左手掌背往上崩弹，顺着右肩方向向前探出，高与肩平（最好在下颌咽喉部），掌心向下；眼看上方。（图6-3-6）

要点：右脚向后撤时，身体尽力向后缩身，命门鼓荡，肩沉肘坠，塌腰坐胯，颈挺拔背，气沉丹田。

图6-3-6

4. 猿猴爬竿势

右脚向前进半步；同时，左掌顺着喉部向前穿出，高与眼平，右掌捋回腹前，两掌心均向下；眼看左手。（图6-3-7）

左脚再前进一步时，右掌顺着左掌上面速向前、向上伸出，高与眼平，左掌回拉至腹前；抬起左腿；两掌掌心均向下，然后极速落步（图6-3-8、图6-3-9）。同时，左掌极速顺右胳膊至手掌探出，抬右脚（图6-3-10、图6-3-11），然后右掌也不停，连续顺左臂至掌上摩擦探出，同时落右脚（图6-3-12）。

图6-3-7　　　　图6-3-8　　　　图6-3-9

图6-3-10　　　　图6-3-11　　　　图6-3-12

要点：动作要连贯，中间不停，进步、出掌速度都要快。跳步要远、要稳。左脚起步要和右掌向前伸出的动作整齐一致，落步后要稳健。眼神要随着两掌的伸缩交替看左右手（本节假设面向东起势，爬竿跳步方向应向西北角）。

第二段

5. 右转身猿猴挂印势

右掌由上向下、向里抓回至腹前，左掌也同时握拳，拳心转向上；同时右脚随之撤至左脚内侧，微停，身体速回右转，右脚速向右前方迈一步，脚尖外撇（摆步）；右拳同时经胸前上钻至下颏处，向外翻挫，高与鼻尖齐，小指上翻，拳心向上；眼看右拳。（图6-3-13～图6-3-15）

图6-3-13 　　　　图6-3-14 　　　　图6-3-15

体重移于右腿，身体继续向右移动，左脚向右脚内侧扣步，成八字形，然后右脚再顺着左脚跟方向向后纵撤一大步；同时，左拳由右臂弯处上钻至双拳相错时，变掌在右手背上面伸出，高与眼平，右拳变掌回拉至左肘处，两掌掌心均向下，重心偏于左腿；眼看前方。（图6-3-16、图6-3-17）

图6-3-16

图6-3-17

要点：右掌收回和翻转上钻，要和右脚的收回向外摆动整齐一致，身体和眼神在转动过程中要协调一致。扣步时要尽力向右转腰。

6. 猿猴叼绳势

右脚速向后撤半步，脚掌着地，膝部微屈，重心在右腿，成左脚虚步；同时，左掌屈肘收至裆前（下护裆上护喉），右掌顺着左肩方向手腕抬至咽喉处向前探出，高与喉平，掌心向下；眼看前方。（图6-3-18）

图6-3-18

要点：撤右步时，要尽力向后缩身，命门鼓荡，竖颈顶头。右腿膝部尽力弯曲，腰塌住劲，要有神气逼人状。气沉丹田，松肩松胯，抽肩抽胯。

7. 猿猴爬竿势

左脚向前进半步；同时，右掌从喉部向前伸出，高与眼平，左掌回抓捋至腹前，两掌掌心均向下；眼看右手。（图6-3-19）

右脚再前进一步；左掌同时顺右臂探出，右手掌速回捋带至腹前（图6-3-20）。紧接着，右掌顺着左前臂上面至两掌相交处速向前、向上伸出，高与眼平，左掌随即向下方回拉至腹前，两掌掌心均向下；抬左腿成独立步，眼看右掌。（图6-3-21）

左脚尽力向前跨进一步，右脚随之跟半步；同时，左掌由右掌上面向前探出，高与眼平，右掌回拉至腹前，两掌掌心均向下；眼看左掌。（图6-3-22）

图6-3-19

图6-3-20

图6-3-21

图6-3-22

要点：动作要连贯，中间不停，进步、出掌动作都要快。跳步要远、要稳，右脚跳步要和左掌前探的动作整齐一致。落步后要稳健，眼神要随着两掌伸缩交替看左右手（本节爬竿跳步方向为东南角）。

第三段

8. 左转身猿猴挂印势

左掌向下往回捋抓变拳至腹前，拳心向上；同时左脚也随之撤至右脚内侧，不停，身体向左转，左脚速向前迈一步，脚尖外撇（摆步）；左拳同时经胸前上钻至下颏处向前上方钻挫而出，高与鼻尖齐平，拳心向上，右手也同时握拳；眼看左拳。此势与动作2相同（图6-3-23），唯方向不同。

图6-3-23

9. 猿猴叼绳势

同动作6。

10. 猿猴爬竿势

动作和要点完全与动作3、4相同，唯方向不同，本节爬杆跳步的方向是西南角。（图6-3-24～图6-3-51）

图6-3-24 　　　　图6-3-25 　　　　图6-3-26

图6-3-27 　　　　　　　　图6-3-28 　　　　　　　　图6-3-29

图6-3-30 　　　　　　　　图6-3-31 　　　　　　　　图6-3-32

图6-3-33 　　　　　　　　图6-3-34 　　　　　　　　图6-3-35

图6-3-36 　　　　　　　　图6-3-37 　　　　　　　　图6-3-38

图6-3-39  　　　　　　　　图6-3-40  　　　　　　　　图6-3-41

图6-3-42 　　　　　　　　图6-3-43 　　　　　　　　图6-3-44

图6-3-45  　　　　　　　　图6-3-46 　　　　　　　　图6-3-47

图6-3-48 　　　　图6-3-49 　　　　图6-3-50 　　　　图6-3-51

第六章　孙氏形意十二拳

以下尚有四、五、六段，与前面左右势相同，唯第四节的跳步方向是东北角，第五节的跳步方向是原来起势的位置（正西）。请参阅前左右势动作说明，这里不逐一介绍，切记右手在前，向右转身，左手在前，则向左转身。

11. 收势

打到动作5右手在前时（接近原来位置），再向右转身接动作6，做到叼绳姿势（右手在上、左脚在前）后，将左掌经胸前伸出，右掌落到腹前；同时左脚前移，成原来三体势。上势不停，再收回左脚，两脚垂于身体两侧，成立正无极还原姿势。（图6-3-52～图6-3-57）

图6-3-52

图6-3-53

图6-3-54

图6-3-55

图6-3-56

图6-3-57

猴形歌诀：舒臂纵跳势轻灵，性属阳刚缩力精。拳顺能使心宁静，力达指端爪为锋。

第四节　马形

一、马形要义

马有踬蹄之功，猛烈而富有冲力，故在运动中要突出表示马在奔腾中向前冲撞之特点。在步法上要求后腿用力蹬地，前腿极力远迈、蹚、踩、踏、碾，走出刹车步来，周身协调完整。

马形在拳术中是最义者，又有垂缰之义，在腹内则为意，出于心源。其拳顺，则意定理虚，其拳谬，则意妄气努，而手足亦不灵。先哲云："意诚而后心正，心正则理直。"疾蹄就是迅速之极，奔跑甚快；垂缰是指缰绳下垂无人控制。如主人有难，不能执缰，马也能自行归路。或有战马，救主人脱难。杜甫诗《房兵曹胡马》："所向无空阔，真堪托死生。"就是歌颂义马的。

这里的理虚，是说知理尚有未尽。虚即空，空才能容物。因对事物之理还要穷究，已达完善。意自心发，诚是实，发自内心的忠诚，自然心正、理正，不自欺欺人。拳中之劲发出自不妄发，而能中节，无过不及。这几句的意思是引自《礼记·大学》"物格而后知至，知至而后意诚，意诚而后心正，心正而后身修"。理直则拳中之劲亦必无妄发矣。"无妄"，《易·上经》卦名，即不虚伪。练拳时，按照道理，不失规矩，自会作通。

二、马形动作组成

预备势、马形右势、马形左势、回身势、马形左势、马形右势、收势。

三、马形演练

1. 预备势

即三体势。（图6-4-1）

图6-4-1

2. 马形右势

左脚向前垫步；同时两掌变拳，一起翻转钻挫，右拳伸至左肘部，拳心向上，重心偏于右腿（图6-4-2）；左脚回勾挂，略停，往前垫步，右脚迅速提于左踝内侧，离地摩膝擦胫向前尽力蹚泥进一大步，左脚随之跟进半步，重心坐于左腿（三七步三体势）；同时，右拳翻转，拳心向上，顺左臂下面向前钻出，高与乳根平；两拳在接近时，同时向内翻转，拳心均朝下，左拳拉至右肘内侧，两臂成弧形；眼看右拳。（图6-4-3～图6-4-5）

图6-4-2

图6-4-3

图6-4-4

图6-4-5

要点：右拳伸出时，要尽力向前冲出，有拧裹和抖擞劲，右肩要有催劲，左拳要有向后拉劲，以助右拳之冲力。左脚跟步时，不要离前脚太近，两膝要略向里扣劲。腰要塌，胯要坐，肩要沉，头要顶。

3. 马形左势

右脚回勾挂再向前垫步，体重前移；同时两拳拳心翻转向上；继之，左脚从右腿踝关节处摩膝擦胫尽力向前进一步，右脚随之跟半步，重心偏右腿；同时左拳翻转，拳心向上，顺右臂肘下摩擦至拳背下向前冲出，高与乳根平，两拳在接近时，同时边内臂旋边向前拧转冲出，右拳拉至左肘内侧，拳心向下，两臂成弧形；前跟半步形成三体势；眼看左拳。（图6-4-6～图6-4-9）

要点：同马形右势。

图6-4-6 　　　　　　　　图6-4-7

图6-4-8 　　　　　　　　图6-4-9

4. 回身势

打成马形左势，身体向右后转，以左脚跟为轴，脚尖内扣，右脚随之扭直后，再向前进半步，脚尖外撇（垫步）；同时两拳下落，一起由腹前经胸部往上钻，左拳在右拳肘部，右拳钻至下颏处向前上方挫出，高与眼齐，两拳心斜向内；眼看右拳。（图6-4-10、图6-4-11）

图6-4-10 　　　　　　　　图6-4-11

5. 马形左势

同动作3，唯行进方向相反。（图6-4-12、图6-4-13）

图6-4-12 　　　　　　　　图6-4-13

6. 马形右势

同动作2，唯行进方向相反。（图6-4-14～图6-4-17）

图6-4-14 　　　　图6-4-15 　　　　图6-4-16 　　　　图6-4-17

7. 收势

打到原起势位置，打出马形左势后再回身（参阅前回身势动作说明），回身后接着打马形左势停住；双拳同时变掌经胸前徐徐下落，左足收回，成立正无极还原姿势。（图6-4-18～图6-4-27）

图6-4-18 　　　　　　图6-4-19 　　　　　　图6-4-20

图6-4-21　　　　　　图6-4-22　　　　　　图6-4-23

图6-4-24　　　图6-4-25　　　图6-4-26　　　图6-4-27

马形歌诀：奔腾迅疾在疾蹄，性烈垂缰重取义。意气合一须催劲，拧转冲撞世间稀。

第五节　鼍形

一、鼍形要义

鼍（tuó）为水中动物，俗称"猪婆龙"，有浮水之能。练习鼍形，要求手、眼、身法、步上下相随，周身协调。尤其强调以腰为轴，用腰劲带动四肢动作，既显示翻江鼓浪之气势，又体现浮水漫游之灵巧。鼍形动作沿折线前进，犹如鱼翔水中，摇身摆尾，灵活自如。其手型为"八字手"，拇指和食指伸直撑开成八字形，其余三指自然弯曲。

练习鼍形，能消散心火，又能化积聚，消饮食。在腹内则为肾，其形能活泼周身之筋络，又能化身体之拙气拙力。其拳顺，则筋骨弱者能转而为强；柔者能转而为刚；筋缩者，易之以长；筋弛者，易之以和，则谓顺天者存。其拳谬，则手足肩胯之劲必拘束矣。拘束，则身体亦必不轻灵，不活泼。不活泼，即欲如鼍之能与水相合一气而浮于水面难。

二、鼍形动作组成

预备势、鼍形左势、鼍形右势、鼍形左势、鼍形右势、回身势、鼍形左势、鼍形右势、收势。

三、鼍形演练

1. 预备势

即三体势。（图6-5-1）

图6-5-1

2. 鼍形左势

身体右转，不停，随即再向左转；同时，左掌变成八字手，由前向下、向内、向上弧形翻转（裹劲），再边臂内旋边由胸至口前向左前方翻转横撑，臂成弧形，掌心向前，高与口平；左脚随左臂同时收回右脚内侧，随即向左前方偏左边一大步，右脚也随之收提，靠于左踝关节处，离地，左胯随左脚落地向左摔劲，重心落于左腿；右手同时变八字手，停于腹前向左托劲，手心朝上；眼看左掌。（图6-5-2）

图6-5-2

要点：左脚与左掌要同时收回，再向左迈出动作要协调一致。左臂要沉肩垂肘，左掌向左前方横撑出时，掌的外缘用力，右手要暗含向左的托劲。左腿屈膝站稳。腰要塌，头要顶。

3. 鼍形右势

不停。右脚再继续向右前方偏右进一大步，左脚随之收提跟进，停在右踝关节处，贴住离地，右胯随右脚落地向右摔劲，重心落于右腿；同时，右掌经胸前上钻，向右翻转（裹劲），至口前钻出（走右弧形翻转），再臂内旋，向右前方横撑出击，臂成弧形，高与口平，左掌随之翻转下落于腹前向右托劲，掌心向上；眼看右掌。（图6-5-3、图6-5-4）

图6-5-3    图6-5-4

要点：右脚向右斜前进落地（蹚泥三角步）成鸡腿势，左脚靠于右踝处，要和右八字手上钻翻横撑出动作协调一致，不可分先后。左八字手随之画弧下至腹部托住劲（右八字手拳心斜向外，左八字手拳心斜向内）。往左势鼍形左手上钻翻横，右鼍形手随之画弧停至腹前，继续向右钻撑出。右掌横撑出时，掌的外缘着力，腰要塌，头要顶，气要沉。两臂摆动顺连贯。如此左右势沿折线向前打去。

4. 鼍形左势

同动作2。（图6-5-5、图6-5-6）

图6-5-5 　　　　　　　　　　　图6-5-6

5. 鼍形右势

同动作3。

6. 回身势

打出鼍形右势后，不停，左脚和身体速向左后转180°；左八字手由腹前随转身向上钻、向左横撑，手心向前；左脚向左后方落地，右八字手也随之向下、向内、向上弧形钻翻，左臂边内旋边由胸前至下颏处向左前方横撑，臂成弧形，手心向前，高与口平，右手随之落下停于腹前向右后托劲，手心斜朝上；左脚随身体左后转向左前方偏左迈一大步，右脚随之跟至左脚踝关节处靠住，脚离地（成鸡形步），左胯随左脚落地向左摔劲；眼看左手。（图6-5-7、图6-5-8）

图6-5-7 　　　　　　　　　　　图6-5-8

要点：向左后转身时，速度要快，左脚向后落地后立即进右脚摩膝擦胫骨，中间不停；两臂左右摆动要连贯，转身时要用腰部带动，借助腰劲，快速灵活。旋转要灵活不滞。

7. 鼍形左势

同动作2，唯方向相反。（图6-5-9～图6-5-12）

图6-5-9 　　　图6-5-10 　　　图6-5-11 　　　图6-5-12

8. 鼍形右势

同动作3，唯方向相反。（图6-5-13～图6-5-17）

图6-5-13 　　　图6-5-14 　　　图6-5-15

图6-5-16 　　　　　　　图6-5-17

9. 收势

打到原来起势位置时，仍由左向后转身，再继续打出左势。然后将右脚撤回一步，左手经胸前落下；两手垂于身体两侧，左脚撤回靠拢右脚，成立正无极还原姿势。（图6-5-18～图6-5-22）

图6-5-18 　　　　　　　图6-5-19

图6-5-20 　　　　图6-5-21 　　　　图6-5-22

鼍形歌诀：翻江倒海胜蛟龙，两臂拨转在腰劲。浮水漫游曲折进，两手连环胯须冲。

第六节　鸡形

一、鸡形要义

鸡形是模仿鸡的各种本能特长而编制的，动作较多，自成一个简短的套路。其中有些动作是体现鸡的"独立之能""食米之准""抖翎之威""争斗之勇"等特长的。它通过操练各种进退转换的身法、步法和手法，使人体各项素质得到全面的锻炼和提高。

鸡于世最有益者。能以司晨报晓，又有各种特长，在拳中之功夫，可谓甚大。在腹内而为阴气初动。又为巽卦，在天为风，在人为气，在拳中谓之鸡形。又能起足跟之劲上升，又能收头顶之气下降，又能散其真气于四体之中。其拳顺，则上无脑筋不足之患，下无腿足疼痛之忧。其拳谬，则脑筋不足，耳目不灵，手足麻木不仁。练习者应注意。

二、鸡形动作组成

预备势、金鸡独立势（进步前穿掌）、金鸡独立势（纵步前穿掌）、纵步金鸡独立势、金鸡食米势（进步右崩拳）、金鸡抖翎势（转身左撑掌）、金鸡上架势（独立下插掌）、金鸡报晓势（进步右挑掌）、进步左劈拳、进步右劈拳、金鸡独立势（独立左劈拳）、金鸡食米势（进步右崩拳）、金鸡抖翎势（转身左撑掌）、金鸡上架势（独立下插掌）、金鸡报晓势（进步右挑掌）、进步左劈拳、收势。

三、鸡形演练

1. 预备势

即三体势。（图6-6-1）

图6-6-1

2. 金鸡独立势（进步前穿掌）

右掌由左掌下面向前穿出，高与肋齐，左掌拉回至腹部左侧，掌心向下；身体向下略蹲，左脚向前垫步，屈膝前弓，右腿膝部弯曲，右足跟离地，上体略向前俯；眼看右手。（图6-6-2）

不停。左脚蹬地，右脚尽力向前纵一大步，屈膝半蹲，左腿随之跟到右腿内侧，左脚提起，脚趾回抓，脚跟蹬踏，紧靠在右腿踝关节处，成独立步（名曰鸡腿步）；同时，左掌由右掌下面向前穿出，高与肋平，右掌捋回到腰部右侧，掌心均向下；眼看左手。（图6-6-3）

图6-6-2

图6-6-3

要点：此势两腿前进时纵步要远，独立时身体要稳，不可前俯后仰。穿掌要迅速有力，力达指端。头要顶，肩要沉，腰要塌，精神要集中。

3. 金鸡独立势（纵步前穿掌）

动作同1、2，只是重复一次。不同之处是动作1、2是由三体势进左脚，此势是由提步进左脚；其他动作完全相同。（图6-6-4）

图6-6-4

4. 纵步金鸡独立势

两手不动；左脚先尽力进一步，然后右脚再继续前进一步，屈膝半蹲，左脚跟到右脚内侧，紧靠在右腿踝关节处，脚抓足踏，成独立步；眼仍看左手。（图6-6-5）

要点：第三个独立势中左右脚进步时，身体高矮不变，两腿要靠紧，要平衡稳定，进步时速度要快，两步要连贯紧密。腰要塌，肩要松，气要沉。

图6-6-5

5. 金鸡食米势（进步右崩拳）

左脚前进一大步，右脚随之跟进，脚掌靠近左脚跟，身体略向下蹲，同时，右掌变拳在进左脚的同时，向左掌下方猛向前冲打，拳眼向上，左掌趁势扣于右手腕部；眼看右拳（图6-6-6）。

要点：此势前脚落地与右拳冲打要协调一致，速度要快。右肘部微屈，腰要塌，胯要坐，头要顶，臂不要伸直，要求与崩拳相同。

图6-6-6

6. 金鸡抖翎势（转身左撑掌）

接上势。身体右转约90°，右脚向后横撤一步，左脚也随之往回横带，两脚均衡，脚跟向外撑劲，成右重左轻的半马步；同时，双拳交叉抱于胸前，双臂微屈成弧形，右拳屈肘撑到头部右额角处，拳心翻向外。

稍停，身体在急向右转90°，左腿向后蹬劲；左拳停在左胯旁，右拳位置不变；眼看前方。（图6-6-7～图6-6-9）

图6-6-7 　　　　　　图6-6-8 　　　　　　图6-6-9

要点：左掌右拳分撑时，要与右腿后撤用劲整齐一致。转身时，要用腰部带动全身，走扭转劲，以保持身体的完整性。腰要塌，颈要挺，胯要缩，动作速度要快。向右转身和左腿后蹬用劲要一致，左脚跟不要离地（名为抖丹田）。

7. 金鸡上架势（独立下插掌）

接上势。右脚蹬地，左脚前纵一大步，右脚随之收靠在左脚内踝侧，脚趾回抓；同时右拳变掌，经胸前（贴近身体）向左下方插伸，掌心向外，左掌由左下方经胸前向上斜穿，停于右前侧，掌心向内，指尖向上；眼平看右前方。（图6-6-10）

要点：左掌向上穿、右掌向下插时，两臂要贴近身体，动作劲力要一致，两手小指要向里裹劲，手背、手腕要平直，手指挺直，力达指端。身体不要前栽后仰，要正直，稳定。头要挺劲，腰要下塌，两腿要靠紧，右脚不可着地。

图6-6-10

8. 金鸡报晓势（进步右挑掌）

右脚向前进一步，左脚随之跟进半步，两膝微屈（三体势），重心偏于左腿；同时，两臂右上、左下同时分开，右掌挑起，高与眼平，指尖向上，臂微屈，左掌下捋，停于左胯旁，掌心斜向下，肩沉肘屈；眼看右手食指。（图6-6-11）

要点：右手前挑、左手下捋要与右脚落地动作协调一致。上挑的手要用力，两肩要松，头要顶，腰要塌，气要沉。

图6-6-11

9. 进步左劈拳

左脚、左掌不动，右掌向外翻转下压，掌指向上；同时，右脚稍向前移，脚尖外撇45°，眼看右掌。不停，左脚向前进一大步，右脚随之跟进半步，重心偏于右腿；同时，左手顺右臂内侧向前劈下，高与肩平，右掌捋至腹前，掌心向前下方；眼看左手食指。（图6-6-12、图6-6-13）

图6-6-12 　　　　　图6-6-13

要点：垫步要和右掌外翻动作一致。左脚前进要有蹬劲，同时与左掌前劈动作一致。左腿膝部微屈，打出劈拳的整劲来。腰要塌住劲，两肩、两胯要抽住劲，同时松开。

10. 进步右劈拳

两掌变拳，左手下捋如钩至腹部，经胸前上钻至下颏处向前上挫出，高与鼻尖平，拳心向上；同时左脚向前垫步，脚尖外撇45°；不停，右拳向左臂内侧前伸，摩擦至两拳接近时，速向里翻转撕扯变掌前劈，高与心口平，左掌捋至腹前，两掌心斜向前下方；同时，右脚顺左脚方向摩膝擦胫骨蹚着前进一步，左脚随之跟进半步，重心偏于左腿，成右劈拳势；眼看右掌。（图6-6-14～图6-6-18）

要点：与左势完全相同，唯方向相反。

图6-6-14　　　　　　图6-6-15

图6-6-16　　　　图6-6-17　　　　图6-6-18

11. 金鸡独立势（独立左劈掌）

两掌变拳，右手下捋至腹部变拳，经胸前往上拧钻至下颏处向前、向上挫出，拳心向上，左拳随即上钻，顺着右臂内侧向前摩擦钻伸，拳心斜向内，到两拳相接时，向内翻转撕扯变掌下劈，高与腰平，右掌随回捋抓至腹前，两掌心均向前下方；同时右脚撤至左脚位置急速落地（微震脚），屈膝半蹲，左脚随之提起，靠在右踝关节处，脚趾回抓，脚跟踏踩，离地，成独立步（鸡形腿）；眼看左掌。（图6-6-19～图6-6-23）

图6-6-19　　　　　　　图6-6-20

图6-6-21　　　　　图6-6-22　　　　　图6-6-23

要点：先将右手捋回再向上贴胸部至下颏处钻出，左掌顺右臂下劈要和右脚急速震脚落地及左脚收提动作协调一致，独立步要稳。右脚落地时，要沉着有力，腰要塌，胯要坐，头要顶，肩要松，身体要稳定。

12. 金鸡食米势（进步右崩拳）

同动作5，唯方向相反。（图6-6-24）

图6-6-24

13. 金鸡抖翎势（转身左撑掌）

同动作6，唯方向相反。（图6-6-25、图6-6-26）

图6-6-25 　　　　图6-6-26

14. 金鸡卜架势（独立下插掌）

同动作7，唯方向相反。（图6-6-27）

图6-6-27

15. 金鸡报晓势（进步右挑掌）

同动作8，唯方向相反。（图6-6-28）

图6-6-28

16. 进步左劈掌

同动作9，唯方向相反。

17. 收势

左臂屈肘，左手由胸前下落，两臂垂于身体两侧；同时左脚收回，靠拢右脚，成立正无极还原姿势（如此反复，练习趟数视场地及个人体力而定）。（图6-6-29、图6-6-30）

图6-6-29 　　　　　　　　图6-6-30

鸡形歌诀：鸡有奇斗振翼威，拳中鸡腿总不离。司晨报晓催人勤，独立食米两功奇。

第七节　鹞形

一、鹞形要义

鹞为猛禽类动物，鹞形模仿其"束身之威""入林之巧""钻天之能""翻身之疾"编制动作，着重锻炼身法和手法的变化，突出表现刚健完整的神态。鹞形对肩、腰、胯部的动作及眼神的配合都有很高的要求，既要求形象逼真，劲力完整，又要求动作准确，特点突出。

鹞形，在腹内能收心藏气，在拳中即能束身缩体。其拳顺，则能收其先天之气，入于丹田之中，又能束身而起，藏身而落。先哲云："如鸟之束翅频频而飞，亦此意也。"其拳逆，则心努气乖，而身亦被捆拘矣。

二、鹞形动作组成

预备势、鹞子束身势、鹞子入林势、鹞子钻天势、鹞子翻身势、鹞子束身势、鹞子入林势、鹞子钻天势、鹞子翻身势、收势。

三、鹞形演练

1. 预备势

即三体势。（图6-7-1）

2. 鹞子束身势

两掌变拳，右拳拳心翻转向上，右臂外旋的同时由左前臂下向前上钻出，高与眼平，左拳在右拳前钻伸的同时，拳心翻转向上撤至右肘处，两拳拳心均向内；左脚在两

图6-7-1

掌变拳之后，先向前垫步，然后左脚蹬地，右脚在右拳钻出的同时，尽力前纵一大步，左脚随之跟至右脚内侧，紧贴右踝关节处，脚趾回抓，脚跟踩踏，两腿屈膝，成右独立步（鸡腿步）；眼看右拳。（图6-7-2~图6-7-4）

要点：右拳钻出要和右脚落地协调一致，身体要保持平衡稳定。头要顶，肩要沉，腰要塌，气要沉。

图6-7-2 　　　　　　图6-7-3 　　　　　　图6-7-4

3. 鹞子入林势

右脚不动，左脚直向前进一步，重心偏于右腿，两腿屈膝成三体势步；同时，左拳直向前打出，高与胸平，拳眼向上，右臂内旋，向上翻转冲架，停于正额处（不挡眼为准），拳心向外，前臂成斜角，如顺步炮拳势；眼看右拳。（图6-7-5）

要点：左脚进半步要与右拳打出、右拳冲架整齐一致。左臂不可伸直，左肘和左膝要上下相对（左拳停于右额角

图6-7-5

前也对）。打左拳时，要先弓腰蓄劲，然后挺膝直腰，使拳有抖擞力。两膝关节要微向内扣，两肩要向下沉。

4. 鹞子钻天势

左脚向前垫步；右前臂内旋裹劲下落，拳心转向上，左拳先向上翻转再向内扣劲，右拳顺左腕上方向前、向上钻出，高与眉齐，拳心向内，左拳下拉至右肘下方，拳心向下，左肘靠近胸部左侧；右脚在右拳上钻的同时，向前进一步，两腿仍屈膝，成三体势步；眼看右拳。（图6-7-6、图6-7-7）

图6-7-6 　　　　　　　　　图6-7-7

要点：右拳下落时，前臂与肘部要向内裹劲，右拳前钻要和右脚进步动作一致。肩要沉，头要顶。

5. 鹞子翻身势

身体向左转，右脚尖向里扣；随即右臂屈肘，随转体移向身前，左拳在右肘下面随之转至左肩前，右拳下落于左肘下方，左拳向左上方翻转，拳心向内；不停，两臂再由面前向右后转，右拳转到右后方，屈肘将右拳收至右腰侧，拳心向下，左拳屈肘由右肩前弧形下落，经腹前臂内旋向左前方冲出，拳眼朝上，高与腰平；紧接着，上身再迅速向左转，右脚也随之扭直，如三体势步法（身法要低）；眼看左拳。（图6-7-8～图6-7-10）

图6-7-8　　　　　　图6-7-9 　　　　　　图6-7-10

要点：身体由右向左转，再由左向右后转，再复向左，反复转动中间不要停顿，眼神也必须随着两臂转动的方向，向左右看。随右臂转到右后方，再猛然向左转头，最后向左转动时，身体略向下蹲，但不要俯身太大，要完全以腰为轴，快速连贯，协调和顺，以保持全身完整。

6. 鹞子束身势

同动作2，动作2是由三体势开始，而此势是由两手握拳、转身动作开始。（图6-7-11～图6-7-13）

图6-7-11 　　　　　　图6-7-12 　　　　　　图6-7-13

7.鹞子入林势、8.鹞子钻天势、9.鹞子翻身势

分别与动作3、4、5相同，唯方向相反。（图6-7-14～图6-7-19）

图6-7-14

图6-7-15

图6-7-16

图6-7-17

图6-7-18

图6-7-19

10. 收势

如此往返练习，打到原来起势位置成鹞子翻身势后稍停，将左脚收回，成立正无极还原姿势。（图6-7-20）

鹞形歌诀：翻身束翅显威风，入林钻天是其能。拳顺贵在形连意，劲力圆整体平衡。

图6-7-20

第八节　燕形

一、燕形要义

燕子有抄水之巧，回旋之灵。在腹内即能采取肾水上升，与心火相交。易云："水火既济。"儒云："复其真元。"在拳中既能活动腰气，又有跃身之灵。其拳顺，则心窍开，精神足，而脑筋亦困之而强。其拳谬，则腰发滞，身体重，而气亦随之不通，练习者需尤加谨慎。肾属水，肾水上行济于心。心属火，心火下降交于肾。一升一降，往来不穷。上下通，人能健康。《易》云"水火既济"，即此意思。先天之气，谓之真元之气。人通过锻炼，将真气恢复，不受拙气、拙力所伤。

在运动中有起伏下势、前纵独立和旋转等动作，对腰、腿、肩、髋各部都有较好的锻炼作用。锻炼燕形，要求动作快速敏捷，既要纵得远，又要落得轻。身体左右旋转必须做到稳健灵活，神形合一。

二、燕形动作组成

预备势、燕子抄水势、金鸡食米（进步右崩拳）、左劈拳、回身势、进步左劈拳、燕子抄水势、金鸡食米（进步右崩拳）、左劈拳、回身势、进步左劈拳、收势。

三、燕形演练

1. 预备势

即三体势。（图6-8-1）

图6-8-1

2. 燕子抄水势

右掌向左前臂下方伸出，然后右前臂向上、向后翻转变拳，再由右下方经体前向上方挑起，左掌同时变拳，随右拳右转屈肘回收，经胸前向下、向右伸出，与右腕交叉成十字手势，并立即由内转至右拳下面，拳心向下，右拳拳心向里；身体随之向右、再向左转回，重心在两腿中间，左膝略向前弓，右脚跟离地，膝部向下屈；眼平视前方。（图6-8-2～图6-8-8）

图6-8-2

图6-8-3

图6-8-4

图6-8-5 　　　　　　　　　图6-8-6

图6-8-7 　　　　　　　　　图6-8-8

要点：转动时，不要过于俯身，要以腰为轴心，速度要快，眼神跟随转动方向。腰要塌，肩要沉，右脚掌尽力蹬地。

略停，右脚尽力向前进一步，屈膝半蹲，左脚随之跟进，靠在右腿踝关节处，脚趾回抓，脚跟踩踏悬起，两腿紧靠；同时，两臂由上向左右分开，两拳高与肩平，两肘微屈；眼平视左前方。（图6-8-9）

图6-8-9

要点：纵步要远，身体要稳定，头要顶，肩要沉。两拳分开要和右脚前进的动作整齐一致，两肘两肩要下垂，两臂要成一条线（燕子展翅状），拳眼双向上。重心要移，左腿蹬地，右腿才能纵跳得远，左脚疾速收靠于右踝内侧，两腿屈膝靠拢成左提步（亦称摩胫步）。

3. 金鸡食米（进步右崩拳）

接上势。左脚向前进一步，右脚随着跟到左脚后面，前后一脚距离（小三体势），两腿屈蹲；同时，右拳屈肘，由腰部向前打出，拳眼向上，左拳变掌向里翻转，扣于右腕部；眼看右拳。（图6-8-10、图6-8-11）

图6-8-10 　　　　　　图6-8-11

要点：右拳打出和左脚进步动作要整齐一致。肩要沉，肘要坠，腰要塌，气要沉。

4. 左劈拳

右脚不动，左脚蹚进半步；同时，左掌顺着右臂拳面上向前劈出，高与心口齐，掌心向前下方，右拳变掌回拉至腹前；步法完全与三体势相同；眼看左拳。（图6-8-12）

图6-8-12

要点：完全与前左劈拳势相同。

5. 回身势

左掌往下捋落变拳，收回左腰侧，右掌也随之变拳停在右腰侧，两拳心均向上；同时以左脚脚跟为轴，脚尖内扣，身体向右后转，右脚尖也随之扭直，完全与劈拳回身势相同；眼看前方。（图6-8-13）

图6-8-13

6. 进步左劈拳

右脚向前垫步，脚尖外撇45°；同时右拳经胸前向上钻至下颏处向前挫出，高与鼻尖平，拳心向上；然后左脚顺右脚内踝处摩膝擦胫骨前蹚进一步（蹚泥步）；左拳同时顺着右前臂弯处摩擦向前至两拳相交时，猛翻转撕扯劈出，成左劈拳势；眼看左手食指。（图6-8-14～图6-8-16）

图6-8-14 　　　图6-8-15 　　　图6-8-16

7. 燕子抄水势

同动作2，唯方向相反。

8. 金鸡食米（进步右崩拳）

同动作3，唯方向相反。

9. 左劈拳

同动作4，唯方向相反。

10. 回身势

同动作5，唯方向相反。

11. 进步左劈拳

同动作6，唯方向相反。

12. 收势

打到原来起势位置回身，然后左脚靠拢右脚两腿直起；同时左臂屈肘由胸前下落，两臂垂于身体两侧，成立正无极还原姿势。（图6-8-17～图6-8-22）

图6-8-17 　　　　　图6-8-18 　　　　　图6-8-19

图6-8-20 　　　　　图6-8-21 　　　　　图6-8-22

燕形歌诀：抄水敏捷回旋灵，性属阴阳刚柔劲。拳顺心肾能相交，丹田气冲周身轻。

附：燕形势反向演练图。（图6-8-23～图6-8-50）

图6-8-23

图6-8-24

图6-8-25

图6-8-26

图6-8-27

图6-8-28

图6-8-29

图6-8-30

图6-8-31

图6-8-32 　　　　　　　　图6-8-33 　　　　　　　　图6-8-34

图6-8-35 　　　　　　　　图6-8-36 　　　　　　　　图6-8-37

图6-8-38 　　　　　　　　图6-8-39 　　　　　　　　图6-8-40

图6-8-41 　　　　　　　　图6-8-42 　　　　　　　　图6-8-43

第六章　孙氏形意十二拳

155

图6-8-44 　　　　　图6-8-45 　　　　　图6-8-46

图6-8-47 　　　　图6-8-48 　　　　图6-8-49 　　　　图6-8-50

第九节　蛇形

一、蛇形要义

蛇形，乃天地所赋之性，身体最玲珑，最活泼，身形有拨草之精。在锻炼蛇形中，主要模仿蛇能盘旋曲伸、曲折吞吐、伸缩往来的巧妙。在腹内即为肾中之阳，在易即为坎中之一阴。能活动腰中之力，乃大易阴阳相摩之意也。又如易经方图之中震巽相接，十字当中求生活之谓也。其拳顺，则内中真阳透于外，如同九重天，玲珑相透，无有遮蔽，人之精神日月说明矣。其拳谬，则阴气所拘，拙劲所捆，身体不能活泼，心窍亦不能通灵矣。练习者在修炼文兴中勉力而行，久之自能有所得。如蛇之精神，灵妙奥妙，言之不尽。因此在运动中要力求动作柔韧灵活，开合吞吐节节贯通。蛇形的动作是左右反复，沿波浪曲线形斜向前进的。

乃大易应读为太易。《列子·天瑞》："夫有形生于无形，则天地安从生？故曰有太易、有太初、有太始、有太素。太易者，未见气也；太初者，气之始也；太始者，形之始也；太素者，质之始也。"张湛注："易者不穷滞之称，凝寂于太虚之域，将何所见也？如易系之太极，老式之浑成也。"按拳中之无极应指《列子》所云之太易，未见气也。拳中之太极应包括太初、太始、太素，即气之始也。有气即有形，有形即有质。有形即分阴阳，阴与阳相反相成而生万物。

又如易经，大意是说，在《易经》六十四卦用方图写成时（见朱熹《周易本义》中《伏羲六十四卦方位》），震卦阳与巽卦阴是阴阳相接的，如果按此方图六十四卦的正中，横竖各取双行写一十字，则阳震与阴巽恰在十字的中间，故曰"十字当中求生活"，也就是阴阳紧密相接中求得拳艺的发展。

二、蛇形动作组成

预备势、蛇形右势、蛇形左势、蛇形右势、回身势、蛇形左势、蛇形右势、收势。

三、蛇形演练

1. 预备势

即三体势。（图6-9-1）

图6-9-1

2. 蛇形右势

上身微左转，左脚向前垫步，屈膝略蹲，右脚随之略向前跟步，脚跟离地，重心移于左腿；同时，右掌由腹前向左下方插伸，掌心向外，指尖向下，手背贴于左胯前，右肩前顺，左臂屈肘，左掌收向右肩前，掌心斜向外，指尖向上；眼看右前方。（图6-9-2）

不停。左脚蹬地，右脚顺左脚里踝处摩擦向右前方蹚迈一大步，左脚随之跟进半步，重心偏于左腿；同时两掌变拳，右拳由下向右、向上挑撩而出，高与腰齐，拳眼向上，左拳拉至左胯旁，拳眼向上；身体略向前倾；眼看右拳。（图6-9-3、图6-9-4）

图6-9-2

图6-9-3

图6-9-4

要点：右掌下插和左掌上穿要紧贴身体。左脚侧移和两掌上下变动要整齐一致。两臂要紧抱在胸前，胯要松，肩要松沉，头要向上顶。右拳向前挑和右脚进步要同时动作，右脚进步，务要经过左脚内侧，再与右拳整齐一致。右臂不可伸直，头要顶，腰要塌，气要沉。

3. 蛇形左势

上身微右转，右脚向前垫步，屈膝略蹲，重心移于右腿，左脚随之跟进半步，脚跟离地，膝部向下弯曲；同时，左拳变掌，由左经腹前向后胯侧插伸，掌心向外，指尖向下，右拳变掌，屈肘收于左肩前，掌心向内，指尖向上；眼看左前方。（图6-9-5）

不停。右脚蹬地，左脚向左前经过左脚内侧摩膝擦胫向前蹚进一大步，右脚随之跟进半步，重心偏于右腿；同时，两掌变拳，左拳由下向左、向上撩出，高与腰平，拳眼向上，右拳拉至右胯旁，拳眼向上、向前撩出；身体微向前倾；眼看左拳。（图6-9-6、图6-9-7）

要点：同动作2，唯方向相反。如此一左一右向前打去。

图6-9-5 　　　　　　图6-9-6 　　　　　　图6-9-7

4. 蛇形右势

同动作2。

5. 回身势

打出蛇形右势之后再回身，右臂屈肘，右拳变掌收至左肩前，掌心向内，指尖向上，左拳变掌向右胯旁插下，掌心向外，指尖向下；同时以脚掌为轴，身体左后转，右脚提起向左脚内侧扣一步，屈膝半蹲，重心偏于右腿，左脚跟微离地面；眼看左前方。（图6-9-8、图6-9-9）

图6-9-8 　　　　　　　　图6-9-9

6. 蛇形左势

同动作3，唯方向相反。（图6-9-10）

图6-9-10

7. 蛇形右势

同动作4，唯方向相反。（图6-9-11~图6-9-13）

图6-9-11 　　　　　　图6-9-12 　　　　　　图6-9-13

8. 收势

至起势位置，打出蛇形右势后回身，再打出蛇形左势。回身，将左拳收回，由胸前落下；同时，将左脚收回，靠拢右脚，成立正无极还原姿势。（图6-9-14～图6-9-19）

图6-9-14　　　　　　　图6-9-15　　　　　　　图6-9-16

图6-9-17　　　　　　　图6-9-18　　　　　　　图6-9-19

蛇形歌诀： 拨草之精贵曲伸，盘旋吞吐性属阴。束展收放须柔韧，劲意连绵在腰劲。

第十节　鹘形

一、鹘形要义

鹘（hú）有"竖尾升空之能，下落捣物之力"，在腹内能辅佐肝肺之功，又能舒肝固气，能以活肩，又能活足。其拳顺，则肝舒气固，人心虚灵，人心虚灵而人心化矣，又能实其腹，实其腹而道心生。其拳谬，则两肩发拘不活，胸中不开，而气亦必不通矣。练习鹘形者于此勉力而行，可以虚心实腹，而得其真道。

鹘，兔鹘子，隼子。鹘形主要锻炼肩、肘各部关节的灵活与背、臀各部肌肉的弹力。它与虎形步法相同，唯手法有所区别。虎形是两掌向前扑出，鹘形是两臂左右回转之后用两拳向前冲捣，尤其强调力发尾间，两臂与上身用劲完整，"臀尾打"是形意拳的击法之一。实其腹而道心生，按《老子》十二章云："是以圣人为腹不为目。"所谓为腹者，即以物养己，为目者即以物役己。又第三章云："是以圣人之治，虚其心，实其腹。"所谓"道心生""虚其心"。《老子》第四章云："道冲。"冲者，虚也。就是说，老子之道，要求人们心地空虚，即道心生。

二、鹘形动作组成

预备势、鹘形右势、鹘形左势、回身势、收势。

三、鹘形演练

1. 预备势

即三体势。（图6-10-1）

图6-10-1

2. 鹞形右势

左脚向前垫步；左掌下落回捋变拳，收回腹前，右掌也同时变拳，拳心都均斜向内，靠近腹部。不停，右脚随之前跟至左脚内侧，右脚紧贴于左踝关节处，脚趾回抓，脚跟下踏悬空；同时，两拳上举至头前上方，再向左右画弧分开，弧形下落，画一整圆，收至腰部两侧，拳心均向上；眼平视前方。（图6-10-2、图6-10-3）

不停。右脚向右前方蹚进一步，左脚随之向前跟进半步，腿部弯曲，重心偏左腿（三体势）；同时，两拳由腰部直向前冲捣，拳心向上，两臂微屈，两拳中间距离约10厘米，高与腹齐；眼平视前方。（图6-10-4）

图6-10-2 　　　　图6-10-3 　　　　图6-10-4

要点：两臂向上画弧分开同向腰部收回的动作要和左脚垫步协调一致。落步后身体要稳，两肘要紧靠两肋，两肩要沉，腰要塌。左脚前进要与两拳前冲整齐一致，劲力完整。两臂不要伸直，应弯曲垂肘，腕部和拳面要保持平直，不可上翘或下弯。尤须注意提肛缩尾，头顶，腰塌住劲。

3. 鹞形左势

右向前垫步，左脚随之跟至右脚内侧，左脚紧靠右踝关节处，脚趾回抓，脚跟踏劲悬空（鸡腿步）；同时，两拳向上至头部上方，再向左右开，画一整圆，收至腰部两侧，拳心向上；眼平视前方。（图6-10-5、图6-10-6）

同动作2，唯方向相反，左脚向左斜方向趟泥步，右脚随之跟半步。（图6-10-7）

要点：同动作2，唯方向相反。

图6-10-5 　　　　　图6-10-6 　　　　　图6-10-7

4. 回身势

打成右势后，右脚提起，以左脚掌为轴，身体向左后转180°，随即右脚扣回，在左脚旁落地。左脚在右脚将落未落时提靠于右踝关节处，脚趾回抓，脚跟踩踏悬空；同时，两拳上钻崩至头部微上方，再向左右分开，画一整圆，收至腰部两侧，拳心向上；眼平视前方。（图6-10-8～图6-10-12）

图6-10-8 　　　　　图6-10-9 　　　　　图6-10-10

图6-10-11 　　　　　　　　　图6-10-12

要点：转身速度快，两拳分开画弧要和右脚落地动作协调一致。当右脚未落时，左脚即提起，身体要保持稳定。腰要塌，肩要沉，两肘要紧靠肋部。接上势，再进左脚，两拳再直着向前冲出，与左势完全相同，唯方向相反。如此左右轮换向原来方向打回去，等打出右势再转身。

5. 收势

当打到原起势位置时，回身并打出左势后停住，将两拳收回落下，左脚撤回靠拢右脚，成立正无极还原姿势。（图6-10-13～图6-10-21）

图6-10-13 　　　　　图6-10-14 　　　　　图6-10-15

图6-10-16　　　　　　图6-10-17　　　　　　图6-10-18

图6-10-19　　　　　　图6-10-20　　　　　　图6-10-21

鹞形歌诀：展翅升空上下飞，双拳直捣纵步追。拳顺贵在整体劲，三节相催须竖尾。

第十一节　鹰形熊形合演

一、鹰形熊形要义

鹰形，其性最狠、最猛烈，有捉物准确、捕食勇猛之本能，其爪锋利，又目能视微物。其形外阳而内阴，在腹内能起肾中之阳气升于脑，即丹书穿夹脊，透三关，而生于泥宫丸。其拳顺，则真精补还于脑，而眼睛明亮。其拳谬，则真劲不能贯通于四肢，阴火上升，而头眩晕，眼亦必发赤。习练此形者，便能复纯阳之气，其益实非浅鲜。

在锻炼鹰形中，要体现鹰下落捉物迅猛，两目要盯视下落之手。其目敏锐。而且动作的伸缩要密切配合呼吸，以使劲力完整严密。要力达指端。不少形意拳家说：练习形意拳要"手手不离鹰捉，步步不离鸡腿"，可见其十分重视两掌的指力和两腿的虚实。鹰爪掌要力贯指端，久练可增强指力。

三关一般指周天功法中，当内气在督、任脉路线上运行时，经过督脉路线上的三个部位，有的人气行至此，不易通过，故称为关。《金丹大成集》中，三关，脑后曰玉枕关；夹脊曰辘轳关；水火之际曰尾闾关。

熊形，熊有竖项之力，横胯之劲，出洞之威。其性最迟钝，其形最威严。其物外阴而内阳，在腹内能接阴气下降，还于丹田，又能复纯阴之气。熊与鹰形之气相接，上升而为阳，下降而为阴也。二形相合演习，谓之鹰熊斗志，亦谓之阴阳相摩。虽然阴阳升降，其实亦不过一气之伸缩也。学者须知前势龙虎单习谓之开，此二形并练谓之合。知此十二形开合之道，可与入德矣。

熊形身法要体现其顶头竖项之巨力和雄距旷野的威严，还要表现出其与鹰竞志，机警御守的神志。古拳谱中说："鹰熊竞志，取法为先，阴阳暗合，形意之源。"

二、鹰熊合演动作组成

预备势、左鹰形落势、熊形起势、右鹰形落势、熊形起势、左鹰形落势、回身势、左鹰形落势、收势。

三、鹰熊合演演练

1. 预备势

即三体势。（图6-11-1）

图6-11-1

2. 左鹰形落势

左掌下落回捋变拳上钻,经腹部、胸部贴近下颏向上、向前挫出,高与眼平,拳心向内,眼看左拳;微停,右掌变拳,在左拳钻出后,右拳顺左前臂内侧向上摩擦前伸,伸到两拳接近时,翻转撕扯变掌往下劈按,右掌高与腰平,左掌回拉至左腰旁,两掌掌心均向下;左脚在左拳上钻时撤至右脚内侧,脚尖着地,在两拳翻转下劈按时,左脚速向左前方进一步,右脚随着跟进半步,重心在两腿中间,右脚跟微离地面,屈膝;眼看右手。(图6-11-2~图6-11-6)

图6-11-2 　　　　　　　图6-11-3

图6-11-4 　　　图6-11-5 　　　图6-11-6

要点：左掌下落时，两掌要同时变拳，左脚与左掌同时撤回，右掌下按时，臂不要伸直，两掌如鹰捉物，两膝要向内扣，身体略向前倾，两掌下按要与左脚进步整齐一致。

3. 熊形起势

右掌下捋变拳，经腹前、腰前贴近上钻至下颏处向上、向前挫出，高与眼平，拳心向内，左掌同时变拳，拳心向下，在左胯处塌住劲；同时，左脚向前进半步（垫步），右脚位置不动，脚跟提起，重心偏于左腿；眼看右拳。（图6-11-7、图6-11-8）

图6-11-7

图6-11-8

要点：右拳上钻要与左脚垫步一致，左脚尖略向内扣，两膝也向里扣，右脚掌要蹬地。颈要竖直，腰要塌，两肩下沉，腹式呼吸。

4. 右鹰形落势

右脚经左脚内侧向前方蹚进一步，左脚也随之跟进半步，重心在两腿中间；同时，左拳顺着右前臂内侧摩擦向上、向前伸，伸到两拳接近时翻转撕扯向下劈按，两拳相挨（龙虎相交发力），左掌高与腰平，右掌回拉至右胯旁，撑住劲，两掌掌心均向下；眼看左手。（图6-11-9～图6-11-11）

要点：同动作2，唯方向相反。

图6-11-9　　　　　　图6-11-10　　　　　　图6-11-11

5. 熊形起势

同动作3，唯方向相反。（图6-11-12～图6-11-15）

图6-11-12　　　　　　　　图6-11-13

图6-11-14　　　　　　　　图6-11-15

6. 左鹰形落势

同动作2。

7. 回身势

右势鹰形打出后，以左脚脚掌为轴，身向左后转；同时，左掌下落变拳，经腹前、胸前上钻，贴近下颏处向上、向前挫出，高与眼平，拳心向内，右拳置于右腰旁，拳心向下，塌住劲；右脚随转体方向向前进一步，屈膝半蹲，体重偏于右腿，左脚脚跟离地，膝部弯曲；眼看左拳。（图6-11-16）

图6-11-16

要点：左拳伸出要与右腿进步动作一致。转身时动作要快，要保持平衡稳定。

8. 左鹰形落势

左脚继续向左前方顺右脚内侧摩擦蹚进一步；同时，右拳顺左前臂内向上钻挫，至双拳相交撕棉状翻转变掌向下劈按而出，动作完全与前左鹰形落势相同，唯方向相反（图6-11-17、图6-11-18）。这样可以左右轮换向原来方向打回去，次数多少可以根据体力和场地情况而自行掌握（图6-11-19~图6-11-23）。

图6-11-17 　　　图6-11-18 　　　图6-11-19

图6-11-20　　　　图6-11-21　　　　图6-11-22　　　　图6-11-23

9. 收势

打到原来位置后，向左转身（图6-11-24～图6-11-27）。再打出左鹰形落势之后，将左掌由右掌下面前伸，右掌撤至腹前，变成三体势；微停，身体站起立正，成立正无极还原姿势。

图6-11-24　　　　图6-11-25　　　　图6-11-26　　　　图6-11-27

第七章 孙氏形意精选套路

孙氏形意拳体系除了包含理伦、功法、技术外，还包括大量的演练套路。前述章节的五行十二拳内容既可以算作是孙氏形意拳的基本操手功技法，也可以认定为孙氏形意拳最基础的演练套路。本章节承前启后，再选择孙氏形意拳徒手套路中相对综合的单演套路与双人对练套路，以丰富实践者的练习内容。

第一节 孙氏形意杂式捶

一、杂式捶要义

杂式捶又名"统一拳"，是形意拳单练套路中内容最多、结构最复杂的一个传统武术套路，有人称它为"十二形合演"套路。其实，套路中并未包括五拳、十二形的全部动作。此套路流行很广，但各地练法不完全一致。杂式捶是合五纲十二目统一之全体拳，在腹内能使全体无缺。《大学》云："克明峻德。"（此誓言似属离奇，然实地练习须知）在拳中则四体百骸内外之劲如一，纯粹不杂。《中庸》曰："鬼神之为德，其盛矣手。"（喻变化无穷）其劲不见不闻，洁内华外，洋洋流动上下四方，无所不有。其拳顺，则内中之气，独能伸缩往来，循环不穷，充周无间。其拳中之内劲，诚中形外而不可掩矣。先贤云："拳中若练到此时，是拳无拳，意无意，无意之中是真意，达此之境界为妙。"

克，能也。明，是显赫发展之意，峻是大也，德是修养而有得于心，主要是能够显赫发展高大的美德。施之于拳术，谓五行，十二形合一练之有得，能使人修养有素，无时不明自己之德而用之于人。

鬼神，即阴阳二气，指一气之伸缩。伸者为阳，缩者为阴，阴阳伸缩变幻不测。拳中之劲不见不闻，洁内华外，是指拳练得明洁纯正，内外顺适，其气上下流动，无不充满其间。

拳术至上下相随，内外合一，随意而用，皆能得心应手，即有规无须再循规，无意之中自合规，如此则真意便在其中了。这样才能做到不见而彰，不动以变，虽有迹而无形，无可无不可，举手投足皆能中道。如此可以说是达到无声无息之极端了。

二、杂式捶动作组成

第一趟：预备势、鹞子束身、鹞子入林、退步劈拳（猫儿洗脸）、乌龙倒取水。

第二趟：单展翅势（退步拧手）、蛰龙出现（左崩拳）、黑虎出洞（进步崩拳）、白鹤亮翅、上步炮拳、双展翅势（退步砸拳）、鹞子入林、退步劈拳、乌龙倒取水。

第三趟：燕子抄水、飞燕展翅、黑虎出洞、青龙出水（退步左崩拳）、黑虎出洞、白鹤亮翅、上步炮拳、双展翅势、鹞子入林、退步劈拳、乌龙倒取水。

第四趟：青龙探爪、鹰捉势、裹手–推窗望月、三盘落地、懒龙卧道、乌龙翻江、蛰龙出现、龙虎相交、黑虎出洞、白鹤亮翅、上步炮拳、双展翅势、鹞子入林、退步劈拳、乌龙倒取水。

第五趟：单展翅势、蛰龙出现、黑虎出洞、风摆荷叶、仙人指路、鹞子钻天、鹞子翻身、收势。

三、杂式捶演练

第一趟

1. 预备势

无极、太极、四象变三体势。（图7-1-1～图7-1-4）

图7-1-1 　　　　　图7-1-2 　　　　　图7-1-3 　　　　　图7-1-4

2. 鹞子束身

接上势。两掌变拳握紧，左脚向前迈一步，膝部微屈，重心落于右腿；左拳准备向回撤至胸前，右拳准备由腰际打出（图7-1-5）。左脚向前垫步，右脚随之尽力摩擦左踝处向前进一步，左脚在右脚似落非落之际迅速提起，左脚跟至右脚内侧，紧靠于右踝关节处，脚下踏劲成独立步；同时，右拳从腹部裹钻，顺左胳膊肘下钻出，高与鼻尖齐，左拳随之撤至右肘部，两拳心均向内；眼看右拳。（图7-1-6、图7-1-7）

图7-1-5 　　　　　图7-1-6 　　　　　图7-1-7

要点：左脚垫步落地不停，即速用力蹬迈右脚，身体要保持平衡稳定。右脚落地与右拳钻出要整齐一致，两臂垂肘弯曲，不可伸直。肩要沉，头要顶，腰要塌，气要沉丹田。

3. 鹞子入林

左脚向前迈一步，右脚随之跟半步，重心偏于右腿；同时，左拳直向前打出，高与胸齐，拳眼向上，肘部微屈；右臂内旋向上冲架，前臂成斜角，右拳置于右额角前，拳心向外；眼看左拳。（图7-1-8）

要点：左拳打出与右臂向上冲架与左脚进步要整齐一致。两腿膝部要微向内扣，肩要沉，腰要塌，劲贯左拳。

图7-1-8

4. 退步劈拳（猫儿洗脸）

右拳由上落于右腰侧，稍停，随即变掌由腰部向左面裹肘搂去，掌心向左，指尖向上，当右掌向上伸出时，左掌也随之撤至腰部左侧，掌心向下；同时，身体随之向左转，左脚向后撤退一步，重心立即偏向左腿，右膝部微屈，上体微向前倾；眼看左下方。（图7-1-9）

要点：右掌前伸，左掌撤回时务必要与左脚后撤动作一致。转动时要以腰为轴，肘部要裹，不要向外张开。肩要沉，腰要塌，胯要坐。

图7-1-9

以上动作是左退步劈拳，右退步劈拳与左退步劈拳完全相同，唯动作方向相反。连退四步成右退步劈拳。

5. 乌龙倒取水

上势稍停。步法不动，身体速向左扭转；同时，右掌仍向面部右侧裹肘搂去，左掌同时撤至腰部左侧，上体略向前倾，重心偏于左腿；右掌仍向面前裹肘搂下，左掌变拳速从右掌上面向前、向上钻出，高与眼平，拳心斜向上；右掌变拳停于左肘下面，拳心向下；眼看左拳。（图7-1-10～图7-1-12）

继上势，右拳由左臂下面向上翻转冲架，屈肘停于头部右上方，拳心斜向前；左拳同时臂内旋落于腹前，拳心向上；随势上体略向后靠（命门后撑），左脚稍后移，重心偏于右腿；眼看前方。连续做上下交错2～4次。（图7-1-13）

图7-1-10　　　　　　图7-1-11

图7-1-12 　　　　　　图7-1-13

要点：左拳落下不停，立刻从右拳上面冲出去，速度要快。左拳下落、右拳冲架与重心后移要动作一致，右拳背在正额处。退步劈拳（连此势）共退三步，每个动作要注意连贯，不要有明显的停顿现象。动作要势换劲连，节奏分明。

第二趟

1. 单展翅势（退步捋手）

接上势。左脚向后撤一步，右脚也随之向后撤半步；同时，右拳下落至腹前，拳心向上，肘靠着肋，左拳仍在左侧不动；两膝微屈、身体微向前倾。（图7-1-14、图7-1-15）

图7-1-14 　　　　　　　　图7-1-15

要点：右拳下落要与左脚后撤动作一致，速度要快。撤右脚时，胯要尽力后缩，身体随两手有暗藏下碾捋劲略向左转。两肘要紧靠肋部，肩胯要有劲，眼向前看，头顶，肩松，气沉，腰塌住劲。

2. 蛰龙出现（左崩拳）

左脚尽力蹬地，右脚极力向前蹚进，左脚随之跟步；同时，左拳由左腰侧顺着右拳相交处摩擦挫出，高与胸平，拳眼向上，右拳仍在右腹部不动，右肘护肋，打成左拳右脚在前的拗步姿势；眼看左拳。（图7-1-16、图7-1-17）

图7-1-16 　　　　　　　　　　　　　图7-1-17

要点：左拳打出时，左肩要向前顺，臂不要伸直。右脚落地要与左拳打出整齐一致。沉肩坠肘，含胸拔背，提肛缩胯，头顶竖项。

3.黑虎出洞（进步崩拳）

上势不停。右脚垫步，左脚前进一大步，然后右脚再前进一大步，左脚随之跟半步；同时，右拳顺着左拳前臂向前摩擦至两拳相交时挫出，高与胸平，拳眼向上，肘部微屈，左拳拉回腹部，左肘摩擦左肋部，打成右拳右脚在前的顺步姿势（称活步崩拳）；眼看右拳。（图7-1-18、图7-1-19）

图7-1-18 　　　　　　　　　　　　　图7-1-19

要点：左右两拳与右左右（一二三步）进步要同时、连贯，速度要快。塌腰坐胯，不可起伏（亦叫左崩右践拳），肩沉、肘坠、呼吸自然。

4. 白鹤亮翅

左脚向左右后方撤半步；同时右臂屈肘，右拳贴近腹部由上向下挂，拳心向里，左拳和右拳相对，拳心也向内（扣住丹田）（图7-1-20）。不停，两臂同时向上崩翻，经头部前上方分开，至左右两侧下砸落画一立圆，收到腹前，右拳落在左掌心内；上体稍右转，同时右脚撤到左脚前方；眼看两手，鼻尖对右脚。（图7-1-21～图7-1-23）

图7-1-20

图7-1-21

图7-1-22

图7-1-23

要点：右拳向下挂插与左脚向后撤动作要整齐一致，两拳心紧靠腹部，两肩要尽力向下沉劲。两臂分开时，眼要随着先向左再看向右拳，右拳落在左掌心和右脚撤回要一致，手脚发出一个响音，体现整齐一致。头要顶，肩要沉，腰要塌。两前臂要紧靠腹部，不可离开，气要向下沉。

5. 上步炮拳

右脚向前迈一步（略向右斜），左脚向前跟半步；同时，左掌变拳向前打出，右拳经胸前向上翻转至面部向上冲架，停于正额处（不挡眼为准），成右脚左拳在前的拗步姿势；眼看左拳。（图7-1-24）

要点：右脚前进落地时，要与左拳打出整齐一致。右拳上钻起时，拳心由内转向外，先向上钻穿，再向外翻转，不要横着向上架，前臂与上臂近于垂直。肩要沉，腰要塌。

图7-1-24

6. 双展翅势（退步砸拳）

左脚略向后退步，右脚提起后撤，靠于左脚踝关节处；同时，右拳外旋，拳心向上，由上砸下；身体随之屈膝下蹲，微向前倾；左拳随即变掌收于腹前，右拳砸下落于左掌心内，拳心向上（砸丹田）；眼看右拳。（图7-1-25、图7-1-26）

图7-1-25 　　　　图7-1-26

要点：右拳下砸时要和身体屈膝下蹲、上身微向前倾、右脚回撤动作协调一致。拳砸下时，要劲整、腰塌。

7. 鹞子入林

左脚急向前进一步，右脚随之跟步，重心偏于右腿；同时，左掌变拳直向前打出，高与胸齐，拳眼向上，肘部微屈；右臂外旋屈肘向上冲架，右拳背紧贴正额处，拳心向外；眼看左拳。（图7-1-27、图7-1-28）

图7-1-27 　　　　　图7-1-28

要点：左拳打出、右臂冲架与左脚进步要整齐一致，两腿膝部要微向内扣。肩沉，腰塌，精神贯注。

8. 退步劈拳

动作与第一趟中的同动作4完全相同。（图7-1-29～图7-1-32）

图7-1-29 　　　图7-1-30 　　　图7-1-31 　　　图7-1-32

9. 乌龙倒取水

动作与第一趟中的动作5完全相同。（图7-1-33~图7-1-37）

图7-1-33　　　　图7-1-34

图7-1-35　　　　图7-1-36　　　　图7-1-37

第 三 趟

1. 燕子抄水

上势稍停。右拳下落，左手右掩，右手向左前臂下方往上伸穿出，然后右前臂向上向后翻转变拳（金鸡抖翎势），再由右下方经提前向上方挑起（燕子抄水势），左手同时随右拳右转屈肘回收，经胸前向下、向右伸出，与右腕交叉成十字手势，并立即由内转至右拳下面，拳心向下，右拳拳心向内；身体随之向右再向左转回，重心在两腿中间，左膝略弓，右脚跟离地，屈膝；眼平视前方。（图7-1-38~图7-1-44）

图7-1-38

图7-1-39

图7-1-40

图7-1-41

图7-1-42

图7-1-43

图7-1-44

要点：转动时，要以腰为轴，身体下赴，速度要快，如金鸡抖翎势，来回急摆。眼神随转动方向，腰要塌，肩要沉，右脚掌尽力蹬地。

2. 飞燕展翅

上势略停。右脚尽力向前进一步，屈膝半蹲，左脚随之跟进，靠在右腿踝关节处，悬起、踩踏，两脚紧靠；同时，两臂由上向左右分开，两拳高与肩平，两肘微屈，拳眼向上；眼平视前方。（图7-1-45）

要点：两拳分开要和右脚前进的动作协调一致，纵跳要远，落下时要稳，腰要塌，头要顶。

图7-1-45

3. 黑虎出洞

左脚向前进一步，右脚随着跟半步，重心偏右腿，两腿屈膝半蹲；同时，右拳屈肘，由腰部向前顺左前臂方向直向前摩擦打出，拳眼向上，拳面微向前倾，左拳拉回腹部，肘护着肋，拳心向上；眼看右拳。（图7-1-46～图7-1-49）

图7-1-46 　　　　　　图7-1-47

图7-1-48　　　　　　　图7-1-49

4. 青龙出水（退步左崩拳）

上势不停。左脚、右拳不动，右脚向后撤半步，然后左脚再顺着右脚方向撤至右脚后方，两腿交叉，左脚顺，右脚横，左脚跟微离地面，成稍蹲姿势；左脚向后撤时，左拳向前顺着右手前臂上面摩擦崩出，拳眼向上，高与胸平，右拳同时拉回腹部，回肘摩肋，拳心向上；眼看左拳。（图7-1-50）

图7-1-50

要点：退右脚位置不动，右肩也不可随着向后扭转。左脚后撤时先用力以脚跟触地，再离开地面。两腿膝部要靠紧（左膝抵住右膝弯处），左脚与左拳前打，要整齐一致。

5. 黑虎出洞

右脚向前一步，左脚随之跟进半步；同时，右拳顺着右脚方向，在左臂弯处顺着前臂向前摩擦至两拳相交处猛然挫出，拳眼向上，高与心口平，左拳回拉至腹部，左肘护肋，拳心向上，成右拳右脚在前的顺步姿势；眼看右拳。（图7-1-51、图7-1-52）

图7-1-51 　　　　　　　　　　图7-1-52

6. 白鹤亮翅

动作与第二趟中的动作4完全相同。（图7-1-53～图7-1-55）

图7-1-53 　　　　　　图7-1-54 　　　　　　图7-1-55

7. 上步炮拳

动作与第二趟中的动作5完全相同。（图7-1-56～图7-1-58）

图7-1-56 　　　　　　图7-1-57 　　　　　　图7-1-58

8. 双展翅势

动作与第二趟中的动作6完全相同。（图7-1-59～图7-1-61）

图7-1-59 　　　　图7-1-60 　　　　图7-1-61

9. 鹞子入林

动作与第二趟中的动作7完全相同。（图7-1-62）

图7-1-62

10. 退步劈拳

动作与第二趟中的动作8完全相同。（图7-1-63、图7-1-64）

图7-1-63 　　　　图7-1-64

11. 乌龙倒取水

动作与第二趟中的动作9完全相同。（图7-1-65～图7-1-67）

图7-1-65 　　　　图7-1-66 　　　　图7-1-67

第四趟

1. 青龙探爪

接上势。步不动；右拳变掌，从正额处五指张开，往前下极力拍击出去，不可伸直，高与眼齐，左掌在右胯处撑住劲，两肩平着松开抽劲；重心偏于右腿；眼看右掌。（图7-1-68）

要点：头要顶，腰要塌，胯要坐，气沉丹田。

图7-1-68

2. 鹰捉势

不停。左掌从左胯处向前穿伸，至右掌上相换穿出，高与喉咙齐，臂不可伸直，掌心向下，力达指尖，同时，右手往回捋带至腹部，肘摩擦肋部；步仍不动，眼看左掌。（图7-1-69）

要点：塌腰坐胯，头顶竖项。两腿略向下蹲，肩沉肘坠。两手用力要均，齐整有神气。

图7-1-69

3. 裹手–推窗望月

左手向内裹肘，左脚收回，脚尖上翘，靠于右踝关节处；同时，左掌外旋，掌心向外，拇指斜向下，高与肩平，随之右掌掌心向外，拇指向上，两掌同时向左前方推出，连推三掌（上、中、下）；右脚蹬地，左脚向左横进半步，成半马步。身体略向下；眼看左掌。（图7-1-70~图7-1-76）

要点：左脚横进不要过高。向外推掌时两拳要协调，连推三掌动作要连贯不停。全身劲要完整，头要顶，肩要平，腰要塌。

图7-1-70 　　图7-1-71 　　图7-1-72 　　图7-1-73

图7-1-74

图7-1-75

图7-1-76

4. 三盘落地

接上势。左掌速向里翻转，经胸前下落，与右拳在腹前交叉，再向左右撑开，掌心均向下；身体半蹲，重心偏于右腿，左脚稍向后移，脚尖微向外，成马步姿势；眼看左掌。（图7-1-77、图7-1-78）

要点：两臂要向左右撑圆，两掌分开与左脚移动要完全一致。

图7-1-77

图7-1-78

5. 懒龙卧道

右脚向左脚前面横进一步，成半坐盘姿势；同时两掌变拳，右拳经腹前由左拳上面打出，拳心向上，高与心口平，左拳同时内翻托于右前臂下，拳心向下。两臂与腹部靠紧；眼看前下方。（图7-1-79）

要点：右拳向左下方伸时要贴近身体，左膝抵住右膝腘窝，身体略向前俯。肩沉，腰塌，劲在右拳。

图7-1-79

6. 乌龙翻江

左拳由右臂下向前、向上外旋横拨，拳心向上，成左横拳，高与心口平（起横不见横），肘部微屈，右拳拉回至腰右侧，拳心向下紧贴腹部；同时，左脚向前进一步，屈膝略蹲，重心偏于右腿；眼看左拳。（图7-1-80）

要点：左拳要尽力向左外旋，要顺着右前臂向前拳心相对时撕拉发力，一定要沉肩坠肘。左拳和左脚动作要协调一致。劲由腰发蓄于左拳，头顶，腰塌。

图7-1-80

7. 蛰龙出现

上势不停。右拳顺左前臂摩擦至两拳相交处挫出，拳眼向上，高与胸齐；随即左拳回拉至腹部，肘摩擦左肋；两腿不动，拳心向上；眼看右拳。（图7-1-81）

要点：右拳与左拳用力相挫拉，要坐胯，头顶、松肩、竖项。右拳、左腿在前，成拗步崩拳。出拳要连贯，不可停留。

图7-1-81

8. 龙虎相交

接上势。左腿站稳，右脚由地面屈膝提起再向前蹬出，脚尖上翘，脚跟用力；同时，左拳顺右前臂摩擦直向前打出，拳眼向上，高与心口平，紧挨右脚尖，右拳拉回腰部右侧，拳心向上；眼看前方。（图7-1-82）

要点：打左拳、蹬右脚速度要快，左腿微屈，右腿蹬直，脚尖勾起，脚跟用力向前蹬出，身体要平衡稳定。总之出拳时要连环崩出。

图7-1-82

9. 黑虎出洞

右脚向前下落，左脚随之向前跟半步，屈膝半蹲，重心偏于左腿；同时右拳由腹部顺左胳膊至左拳摩擦向前崩出，拳眼向上，高与心口齐，左拳回拉至腹部左侧，拳心向上；眼看右拳。（图7-1-83）

要点：右脚落地要和右拳崩出动作整齐一致。

图7-1-83

10. 白鹤亮翅

动作与第二趟中的动作4完全相同。（图7-1-84～图7-1-86）

图7-1-84 　　　　　　图7-1-85 　　　　　　图7-1-86

11. 上步炮拳

动作与第二趟中的动作5完全相同。（图7-1-87～图7-1-89）

图7-1-87 　　　　　　图7-1-88 　　　　　　图7-1-89

12. 双展翅势

动作与第二趟中的动作6完全相同。（图7-1-90～图7-1-92）

图7-1-90 　　　　　　图7-1-91 　　　　　　图7-1-92

13. 鹞子入林

动作与第二趟中的动作7完全相同。（图7-1-93）

图7-1-93

14. 退步劈拳

动作与第二趟中的动作8完全相同。（图7-1-94、图7-1-95）

图7-1-94 　　　　　　图7-1-95

15. 乌龙倒取水

动作与第二趟中的动作9完全相同。（图7-1-96～图7-1-101）

图7-1-96 　　　　　图7-1-97 　　　　　图7-1-98

图7-1-99 　　　　　　　图7-1-100 　　　　　　　图7-1-101

第五趟

1. 单展翅势

动作与第二趟中的动作1完全相同。（图7-1-102）

图7-1-102

2. 蛰龙出现

动作与第二趟中的动作2完全相同。（图7-1-103～图7-1-107）

图7-1-103 　　　　　　　图7-1-104 　　　　　　　图7-1-105

图7-1-106 　　　　　　　　　图7-1-107

3. 黑虎出洞

动作与第二趟中的动作3完全相同。（图7-1-108、图7-1-109）

图7-1-108 　　　　　　　　　图7-1-109

4. 风摆荷叶

身体左转，左脚略向后移；两拳下落，向左、向上画弧变掌，再向右后方推出，身随手转，右掌高与肩平，左掌在右肘下面，掌心均向右。右脚在两掌后推时向左脚前方横进一步，成绞剪步；眼看右掌。（图7-1-110、图7-1-111）

要点：两臂转动要画一立圆。推出时，腰部尽力向右后扭转。右脚向左脚前方横进一步时必须与两掌右摆后推动作协调一致。

图7-1-110 　　　　　　　　　　　图7-1-111

5. 仙人指路

左脚向前进一大步，右脚随之跟进半步；同时，两掌变拳，右拳随身体左移经胸前向下扣于腹部时，随即左拳从右腕部向前打出，肘部微屈，高与心口齐，拳眼向上，打成顺步崩拳，右手拳心向下再翻上；眼看左拳。（图7-1-112、图7-1-113）

要点：与崩拳完全相同。

图7-1-112 　　　　　　　　　　　图7-1-113

6. 鹞子钻天

左脚向前垫步，右脚随之顺左脚方向，向前迈进一大步，同时，左拳向前翻塌，拳心向外，右拳顺左腕上方向前、向上钻出，高与眉齐，拳心

向内，左拳拉至右肘下方，拳心向下，左肘靠近胸部左侧；眼看右拳。（图7-1-114、图7-1-115）

要点：右拳上钻要和右脚进步整齐一致。肩要沉，头要顶，腰要塌，胯要缩。

图7-1-114 　　　　图7-1-115

7. 鹞子翻身

身体向左转，右脚尖向内扣；同时，右臂屈肘随身体向左转，左拳在右肘下面随之转至左肩前，右拳下落于左肘下方（右拳回身扣左肩）；同时，左脚回撤至右踝关节处；左拳从右胯处往前上方挑出，拳心向上，高与心口齐；随之左脚前进半步，身体略蹲，屈膝垂肘；右手拉至右胯处，拳心向下塌住劲，重心偏于右腿；眼看左拳。（图7-1-116～图7-1-118）

要点：身体左回身、扣右脚、撤左脚、两臂交叉抱于腹前要协调一致。出左拳、出左脚要合一。塌腰，抽肩抽胯，头上顶，竖项气沉，要有神气。

图7-1-116 　　　　图7-1-117 　　　　图7-1-118

8. 收势

将左手、左脚收回，成立正无极还原姿势。（图7-1-119）

图7-1-119

第二节　孙氏形意安身炮

一、安身炮要义

安身炮是形意拳对练套路中五拳、十二形拳法的综合运用，是一项比较复杂的对击套路。它对手、眼、身法、步法的要求更为严格，长期揣练，可有效地提高身体素质和灵巧敏感，是加强自卫能力、提高技击艺术的必练套拳。

安身炮，譬如天地之化育，万物各得其所也。在腹内气之体言也，其大无外，其小无内，在外之用言之，可以不见而彰，不动而变，无为而成。夫人诚有是气，至圣之德，至诚之道，亦可以知，亦可以为矣。在拳中即为大德小德。大德者，内外合一之劲，其出无穷。小德者，如拳中之变化，生生不已也，譬如溥博源泉而时出之。如此形意拳之道，拳无拳，意无意，无意之中是真意至矣。学者知此，则形意拳中之内劲，即天地之理也，又人之性也，亦道家之金丹也。劲也，理也，性也，金丹也，形名虽异，其理则一。其劲能与诸家道理合一，亦可以同登圣域，能与天地合其德，与日月合其明，与四时合其序，与鬼神合其吉凶。

"在腹"以下十二句：指腹内之一气，就其体言之，大而无外，无所不包。若言其小，小而无内，可以退藏于密（指心内最幽隐处）。若以在外用言之，可以不见而显著，不动而变化，不为而有成，不思而可得。就是无迹而可育万物，有迹而又不见。人若有此至诚之气，可以前知，也可以有所作为。

"在拳中"以下八句：是说浩然之气，至诚之德，在拳中称为大德小德。大德是指内外合一之劲，其劲源源不断。小德是指拳中的变化，生生不已，循环往复而无端。正如《中庸》所言："溥博源泉而时出之。"意思指水大源深，所以泉水时而出之而不竭。练拳功深，内气足而劲无穷。

"登圣域"：能达到圣人之境地。指拳中技艺高而得道者。

二、安身炮动作组成

1. 预备势
2. 起势三体势
   甲（上手深色衣者）　　　　　　乙（下手浅色衣者）
3. 进步右崩拳（金鸡食米）　　　　退步右崩拳（金鸡食米）
4. 左劈掌（鹰捉劈拳）　　　　　　上挑炮拳（鹞子入林）
5. 换步右劈掌（鹰捉劈拳）　　　　换步右砍掌（张飞片马）
6. 双截手（左滚捶）　　　　　　　原地左砍掌（张飞片马）
7. 双截手偷打（右滚捶马形）　　　左刁右拨打（拨草寻蛇）
8. 扑面掌（猴形三把手）　　　　　右穿掌（退步老僧托钵）
9. 踩腿戳腔（进身炮拳）　　　　　撤步扣碗（白蛇伏草）
10. 搂手扫打（单风贯耳）　　　　　撤步穿掌（后纵老僧托钵）
11. 进步右劈掌（叨手鹰捉）　　　　换步反嘴巴（白鹤亮翅）
12. 换步左劈掌（捋手鹰捉）　　　　撤步刺面掌（独立探爪）
13. 上步挑裆（掖臂蛇形手）　　　　撤步捋带（顺手牵羊）
14. 挑劈探掌（玉女穿梭）　　　　　刁拨拍打（猿猴偷桃）
15. 连环劈掌（猴子捯绳一二三）　　撤步右穿掌（老僧托钵）
16. 挟臂切脖（刘海戏蟾）　　　　　双截手（左滚捶）
17. 左劈掌（鹰捉劈拳）　　　　　　双截手偷打（右滚捶马形）
18. 捋手扁踹（狸猫上树）　　　　　撤步穿掌（退步老僧托钵）
19. 进步挑打（孤燕出群）　　　　　抓肩井（依马问路）
20. 搂推劈砍（狮子摇头）　　　　　反穿挑打（孤燕出群）
21. 双截手（左滚捶）　　　　　　　连捋带劈（青龙探爪）
22. 双截手偷打（右滚捶马形）　　　刁拿崩打（黑虎出洞）

甲：退步抬左脚再落步右崩拳（金鸡食米）　乙：左劈拳（鹰捉劈拳）往回演练

23. 收势

注：陪练为邓福明老师的德国学生Fabian Reisch。

三、安身炮演练

1. 预备势

甲、乙均成立正无极势站好。

说明：甲、乙二人列队从场地两边入场。甲（着深色服装）为上手在后，乙（着浅色服装）为下手在前。入场后，甲面向南站在场地东头，乙面向北站在甲西侧约三步远的地方。甲、乙相距约两步远。起势后，甲上手，乙下手，向东对打。打到东端后，甲、乙动作互换（乙成上手，甲成下手），再往西打回为一趟。一趟终了，收势或接着打随意，但必须成整趟回原地方收势。

2. 起势三体势（甲、乙动作相同）

（1）右脚向前进一步，左脚随即前迈，两脚尖朝前成90°落在同一条直线上（这时，甲、乙在东西方向处于同一直线上）；两腿直立或无极式，同时扣左脚变四象，头顶塌腰，竖项含胸，全身松沉自然，气沉丹田；目向前平视。

（2）左脚向前开步，两腿屈膝成三体步（二人前脚相距 10～20 厘米）；同时，二人半步跟左手腕相抵，即搭手；目视左掌。（图7-2-1、图7-2-2）

图7-2-1　　　　　　　　图7-2-2

说明：甲、乙二人动作要整齐，快慢要一致，不可分先后。搭手后二人均成前轻后重的单重三体势，要领与单练时相同，尤须注意精神饱满，思想集中，呼吸自然，气往下沉，身体稳固。面部表情要自然而有神采，既不要横眉竖眼，咬牙切齿，也不要喜眉笑眼，松懈涣散，而是要通过坚毅的表情和机敏的眼神，表现出假设性的攻防意念和静中寓动的气势。在整套对练过程中均应如此，下不赘述。

3. 甲进步右崩拳（金鸡食米）　乙退步右崩拳（金鸡食米）

（1）甲含胸蓄劲，右脚用力蹬地，左脚极力迈进一步，右脚随即跟进半步，两腿屈膝，重心偏右；同时，左手外拍乙的左腕，右掌变拳，直向乙胸部打去，左手撤回右拳肘部，成掌心斜向下。

乙待甲右拳即将挨住胸部时急向后闪身，后脚（右脚）极力后退半步，前脚（左脚）亦随即屈膝抬起，成成右独立步；同时，将左手急撤回，顺势推开甲右臂肘外侧。（图7-2-3、图7-2-4）

图7-2-3

图7-2-4

（2）乙的动作不停，左手推托扶甲之右肘后，右掌变拳，顺着甲右臂下面猛向其右肋处打去。同时，左脚向前落地，右脚随之跟进，上身略左转，并向前押；左手乘势撤回右肘部。甲于乙之右拳将至时先退右脚，再略退左脚，上身后坐避让乙之右拳；同时，右肘下沉后撤挣脱乙之左手，右前臂往回、往外挂乙之右拳，左手乘势收回胸前。（图7-2-5）

图7-2-5

说明：甲在打右崩拳。左手拍打乙手臂时右拳前冲、左脚进步要整齐一致，同时动作。乙在推托甲肘部时急打右崩，要先顾法（退步斜身避让，左手捋推），随即同时落步，冲右拳。一人进，另一人退，动作要协调，劲力要和顺，距离要适中，保持"不丢不顶"。攻防意识要逼真，方法要鲜明，时机要得宜，尤须注意掌握退守的火候，在对方用招进击将至未至的瞬间，才猝然使用顾法和还击方法。切不可在对方尚未发手或发手未至，自己就预先退下或还击，形成攻防脱节、双方离散的虚假演式。这就要求着意身法的伸缩吞吐、步法的进退转换避免紧张僵硬，呆板死滞。整套动作均应如此刻意揣摩习练，后不赘述。

4. 甲左劈掌（鹰捉劈拳） 乙上挑炮拳（鹞子入林）

（1）甲承上动不停，右手捋住乙之右腕，左手向前劈（意欲将对方劈倒）；同时，坐胯头顶发颤抖力，两脚不动。乙随甲之定步劈拳，步法不动。（图7-2-6）

图7-2-6

图7-2-7

（2）乙承上动不停，右拳屈肘，经甲之左前臂内侧翻滚上穿，架于头前右上方，拳心翻向外；同时，左脚稍前移，右脚蹬劲，左手变拳，臂内旋用力猛向甲心窝打去成立拳。（图7-2-7）

甲在乙之左拳似换非换之时，两脚相继稍后移，上身稍后坐含胸，同时，右手乘势下压截住乙之左拳，左手撤回身前。

说明：甲上左劈掌要先含胸蓄力，紧逼对手，然后边身形前押边回肘滚失传翻掌劈按。乙打鹞子入林时要右架左冲同时动作，左拳要迅疾有"寸劲"，右拳要翻滚上穿并往后带，不要生硬上架和磕碰。

5. 甲换步右劈掌（鹰捉劈拳）　乙换步右砍掌（张飞片马）

（1）甲承上势不停，左掌继续由上绕至乙之左臂外侧向后捋带；同时左脚稍收回在身前斜落，脚尖外撇。右脚随即顺着乙左踝骨外侧向前进一大步，左脚乘势跟进半步；同时右掌先臂外旋再臂内旋，向乙左肩部翻转劈出。乙见甲右掌劈来，两脚一次换步，上身略后坐并左转，以卸甲之劲力。（图7-2-8）

图7-2-8

（2）乙上动不停，重心右移，左脚撤回在身前横落，脚尖斜向外，同时上身微左转；左拳变掌，屈肘回带，挂开甲之右臂；不停，右脚迅速前进一步；右掌外旋前穿，以掌外缘着力，猛向甲左腮帮处斜铲成仰掌。（图7-2-9）

图7-2-9

6. 甲双截手（左滚捶）　乙原地左砍掌（张飞片马）

（1）甲见乙右砍掌击来，两掌握拳，屈肘弧形绕回，举于左肩前，格截乙之右手，并且左臂内旋，右臂外旋，带有向后粘裹之劲；同时上身微左转，两脚依次稍向后移，重心后坐成虚步。（图7-2-10）

（2）乙右砍掌被截失效，上身以腰为轴迅速右转；左掌臂外旋迅速前穿砍，以掌外缘着力，猛向甲腮帮处斜铲左张飞片马，同时右手乘势撤回腹前。（图7-2-11）

图7-2-10 　　　　　　图7-2-11

7. 甲双截手偷打（右滚捶马形） 乙左刁右拨打（拨草寻蛇）

（1）甲见乙左张飞片马击来，速以腰为轴向右转体，两拳一起弧形右裹，同时左臂外旋，右臂内旋，在右肩前截住乙之左手后滚带。不停，右脚稍前移，上身微左转；右拳臂内旋，顺着乙左臂内侧，猛向乙左胸腔冲出成拳，拳眼斜朝左下方，左手乘势撤回右肘内侧。（图7-2-12、图7-2-13）

（2）乙上身稍左转，撤右脚，右屈膝抬起护裆；同时，左手下刁甲之右臂肘处，扒开甲右臂，随之右掌外推甲右拳；不停，往前落右脚，左脚跟步；同时，右掌变拳，猛向甲心口窝打去，拳眼向上。要手和脚连贯整齐，浑身发整劲，力贯右拳。（图7-2-14、图7-2-15）

说明：双截手偷打，要快速连贯，完整一气。

图7-2-12 　　　　　　　　　　图7-2-13

图7-2-14 　　　　　　　　　　图7-2-15

8. 甲扑面掌（猴形三把手）　乙右穿掌（退步老僧托钵）

（1）甲见乙右拳崩向心口处，急吞身后坐，右拳变掌回捯，左掌也随之连捯带抓乙之右拳使之失效；同时，右掌猛向乙面部扑去（名为猴形三把手），掌心着力，掌指朝上，微沉肘成弧形。（图7-2-16~图7-2-18）

（2）乙见甲扑面掌打来，急闪身后纵，两脚依次稍向后退，右脚仍在前，脚掌沾地，成右虚步；同时，右拳变掌臂外旋上穿前伸，架住甲之右掌，左掌乘势撤回腹前，掌心向下。（图7-2-19）

说明：甲右手捯和左手捯抓再右手扑面掌同时动作，同时抽肩调膀，使右掌尽力前伸。乙右掌上穿时身体后撤，两脚后纵要快速稳定，身体不可上窜。右掌上穿须裹肘，不可扬肘横架。

图7-2-16 　　　　　　　　图7-2-17

图7-2-18 　　　　　　　　图7-2-19

9. 甲踩腿戳腔（进身炮拳） 乙撤步扣碗（白蛇伏草）

（1）甲的扑面掌被架住，左掌速向前伸，从内侧挑乙右腕，随即臂内旋，翻掌刁住乙右腕向左将带，右掌握拳，乘势撤回胸前成仰拳。不停，重心前移，左腿屈膝抬起，左脚斜横，脚掌内侧着力向乙之右小腿踩去；同时右拳臂内旋，用力向乙左肋腔猛戳。（图7-2-20、图7-2-21）

图7-2-20 　　　　　　　　　　图7-2-21

（2）乙右腿、左肋同时受攻，疾转腕脱右手撤回腹前；同时重心后移，右脚提起躲开甲左脚，迅速后撤一大步退至左脚后边，上身右转，两腿屈膝半蹲成半马步；同时，左掌乘势反握住（虎口朝里）甲右腕，截其右拳使之失效。甲左脚顺势向前横落，脚尖外撇，两腿屈膝交叉成剪子股步；左手仍在额部，右拳同时挺住劲。（图7-2-22）

图7-2-22

说明：甲挑对方右手后，刁腕、左脚上步踩腿、戳腔要同时攻击，右脚趾用力抓地，使身体平衡稳定。乙撤步躲开甲左脚与左手反扣甲右拳要快速连贯，转换敏捷。

10. 甲搂手扫打（单风贯耳） 乙撤步穿掌（后纵老僧托钵）

（1）甲承上动不停，左拳变掌，猛向前下搓，托开乙左手（右拳同时猛臂外旋后抽，挣脱乙左手），随即抓握乙左腕。不停，右脚顺着乙左脚外侧上一大步，左脚跟半步；同时右拳旋臂先上钻继下翻往里裹打，用拳眼向乙太阳穴击去。（图7-2-23、图7-2-24）

图7-2-23

图7-2-24

（2）乙随着甲的上步（右脚）与跟步（左脚），右脚后退半步，重心后移，左脚亦乘势后退半步成左虚步；同时，左手抽回，再即速上钻，手脚要同时动作接甲右拳。（图7-2-25）

图7-2-25

11. 甲进步右劈掌（叨手鹰捉）　乙换步反嘴巴（白鹤亮翅）

（1）甲随即用左手下刁乙之左掌，右掌速前劈乙面部；同时右脚上半步，左脚跟进上步，刁劈动作要整齐一致。（图7-2-26）

（2）乙承上动不停，左脚偷偷收回，在右脚前横落，脚尖微朝外，随即重心左移，右脚向前进一步，顺着甲右小腿内踝侧落在甲右脚内前方；同时，右手向外拍击甲右掌，左手上钻截住甲右肘部向外拨甲右臂，随即用右手背速向甲面部弹去。（图7-2-27、图7-2-28）

图7-2-26

图7-2-27 　　　　　图7-2-28

说明：甲上右拳裹打时，解脱乙左手的抓握用托手、摘手均可。用托手时要乘其不备，快速猝变，两手要有错劲。用摘手时，左手指要着力抓握其虎口和掌外缘，并反关节拧转，右拳乘势旋腕挣脱，实为擒拿之法。乙速上钻左于截甲扫打右拳，身体后纵，上下全身动作要协调一致。

12. 甲换步左劈掌（捋手鹰捉）　乙撤步刺面掌（独立探爪）

（1）甲右手旋腕挣脱乙左手，从右向下、向左弧形绕在乙右前臂外侧；同时上身微后坐右转，右脚稍后移，在身前横脚落下，脚尖斜向外。不停，右手臂内旋，翻掌抓握乙右手后捋带；左脚进步扣住乙右脚；同时，左掌向乙右肩臂去，劈出左掌的同时，手亦合力前推。（图7-2-29～图7-2-31）

（2）乙重心后移，右腿屈膝上抬，成左独立步；同时，右手臂外旋，屈肘上穿于右胸前，向外、向后挂开甲之左臂，左臂内旋，绕在右手外面按下甲左前臂，右手乘势边臂内旋边迅速疾前伸成俯掌，掌指着力猛刺甲双眼。（图7-2-32）

图7-2-29    图7-2-30

图7-2-31    图7-2-32

说明：乙向后撤步的幅度取决于甲上步的幅度，双方步法要相随，距离要适中，不可离得太远或太近。乙右手挂甲左臂、左手下按甲左臂、右掌前伸刺面要动作连贯，快速灵活。刺面时上身左转，提右膝，右肩前顺，使右掌远探，也用成"盖首巴掌"，即右掌向甲之头顶前部（脑门）劈盖。

13. 甲上步挑裆（挼臂蛇形手）　乙撤步捋带（顺手牵羊）

（1）甲见乙刺面掌捋至，急将左臂屈回，向着乙右手里上穿于腕内侧，乘势臂内旋，反掌（虎口朝下）抓住乙右腕反关节向外挼（扭转）；同时重心前移，左脚略前横垫，右脚向乙两腿中间上步；右拳乘势下落，顺着右外胯侧向乙裆部撩去，拳眼斜向上，略沉肘臂成弧形，身微坐。（图7-2-33）

（2）乙右脚迅疾撤落至身后，上身略右转，两膝屈膝成大三体势桩步；同时，右手乘势挣脱甲左手，迅速回落捋甲右手，顺着往后捋下，左手即速向着甲颈项伸去，与右手同时向后按着劲拉。落步捋带要协调一致。（图7-2-34）

图7-2-33 　　　　　　　　　图7-2-34

说明：甲挑挡前要顾住乙刺面掌并挼其右臂使之失中，为上步挑裆创造主动条件。挑裆时上步和抄裆也可以同时动作，身要前拥，肩要有靠劲，右臂不可挺肘伸直（防被撅）。乙落步后撤右转，劲力要浑厚扎实。右手捋带，左手扣按要有顺劲，用力整齐一致，以防甲旋劈拐肘。

14. 甲挑劈探掌（玉女穿梭）　乙刁拨拍打（猿猴偷桃）

（1）甲右手和颈项被捋按住，一面垂肘沉着劲，一面身形下缩，重心前移，将右手屈回，往外挂乙之左手，随即左掌向着乙胸部劈去。（图7-2-35）

（2）乙见甲左掌劈来，急缩身右闪，右手刁拿甲左掌。甲即抽回左掌至腹部，同时，右手猛向着乙面部抓去，两脚不动。势不停，乙右手迅速反拍击甲右手，左手变拳，随后向着甲右肋打去；身子即换骑马势。（图7-2-36～图7-2-38）

图7-2-35

图7-2-36

图7-2-37

图7-2-38

说明： 甲屈劈上钻挂乙左手，挑打，要借助身法，劲力要虚实变化，使对方莫测，紧接着迅速抓脸，劲力、动作都要连贯。乙刁拨拍打是偷打，动作要连贯，要快速敏捷，力达拳端，塌腰缩胯，屈膝下蹲成骑马步。

15. 甲连环劈掌（猴子捯绳一二三） 乙撤步右穿掌（老僧托钵）

（1）甲右腹部受攻，急缩身向后坐腰，两脚不动，但也可以往前半步跟；同时，右掌擦着乙左臂上面屈肘向下搂按，左掌亦乘势前伸，继右掌之后继续向下搂按乙左拳，右掌抽出，由左前臂上面迅疾向乙面部打去成扑面掌；同时右脚稍向前移，上身略左转（右脚可以收回半步成右虚步，再进步打成猴形三把手）。（图7-2-39～图7-2-41）

（2）乙左脚速向后撤一大步，成右脚在前；随即用右掌急上钻，向甲右手外边钻去，左手撤回左肋部。（图7-2-42）

图7-2-39 　　　　　　　　图7-2-40

图7-2-41 　　　　　　　　图7-2-42

说明：甲用猴子捯绳时，右掌搂按，左掌搂按，右掌挂面三动要快速连贯，身法要相随，伸缩吞吐，不可死滞。

16. 甲挟臂切脖（刘海戏蟾） 乙双截手（左滚捶）

（1）甲左手前伸，从乙右腕内侧向左挑开，随即臂内旋，翻掌刁住乙右腕向左后方捋带（或缠绕乙右臂用胳膊挟住）；同时，右脚略向前横垫，左脚顺着乙右腿外侧向前上一大步；右掌乘势臂外旋前穿，以掌外缘着力猛向乙左腮帮处铲托。（图7-2-43、图7-2-44）

图7-2-43

图7-2-44

（2）乙左脚稍向后退，缩身后坐，右脚亦相随稍后移，脚掌沾地成右虚步；同时，两手握拳，向左格截甲右掌，上身略向左转。（图7-2-45）

说明：换步，左右砍掌和挟臂切颈部、左右滚捶动作同前。凡遇相同动作均略写，要领可参阅前述。

图7-2-45

17. 甲左劈掌（鹰捉劈拳） 乙双截手偷打（右滚捶马形）

（1）甲左掌臂内旋前伸，掌心向前，猛力向乙面部或胸部（华盖穴）劈去，左掌乘势撤回腹前。（图7-2-46）

（2）乙急向右转身，两拳右滚，格截甲左臂。不停，右拳落下，从胸前内旋，用力猛向甲心窝处打去；左拳乘势拉至腹部。（图7-2-47、图7-2-48）

说明：乙用双截手偷打格截和掏心捶攻击要快速连贯。掏心捶实为定步右崩拳，要有爆发力。

图7-2-46

图7-2-47 　　　　　　　　图7-2-48

18. 捋手扁踹（狸猫上树） 乙撤步穿掌（退步老僧扎钵）

（1）甲见乙掏心拳打来，上身急右转，侧身避让；同时，右手抓握乙右腕，左手抓握乙右肘，两手合力向后捋带；重心左移，右脚尖外横，脚弓内侧着力，猛抬腿踢乙右腿前侧。（图7-2-49）

接上势不停。甲右手向着乙右臂如捯绳相似，唯右脚踢乙右腿不等落地，即提起左脚与右手同时起落，如同狸猫上树之势连踹带劈面掌。（图7-2-50）

（2）乙见甲右脚踢来，右腿疾屈膝提起，顺势撤至左脚后方落下，随即甲的第二脚又踹来时，两脚再依次快速稍向后退，重心后移成为左虚步；同时，右臂顺着被甲捋带之力，乘势由右经胸前绕回上穿钻，钻挫甲右扑面掌。（图7-2-51）

图7-2-49

图7-2-50 　　　　　　　　　　图7-2-51

说明：甲用捋手扁踹与踢腿要动作一致，劲力协调，手、脚劲要成力偶，意欲令对方跌扑。接做连环脚落步扑面掌要连贯快速，上步也可做空中跃步，身体尽力前蹿（龙形连环腿）。乙右腿先屈膝提起再撤步，可使甲右腿前踢落空。撤步的远近要随甲上步的大小而定，若甲用跃步，则撤步要大，而且左脚亦应随滑步后移。

19. 甲进步挑打（孤燕出群） 乙抓肩井（依马问路）

（1）甲左掌前伸，从右掌下面向左挑开乙右腕，右掌乘势旋腕翻掌，弧形向内、向前，掌心向外，猛向乙胸部劈按。（图7-2-52、图7-2-53）

（2）乙速抽回右手至腹部，缩胯含胸，同时用左手臂腕部猛用力崩弹甲右劈掌，一气呵成向着甲右肩井穴抓去。（图7-2-54）

图7-2-52

图7-2-53 　　　　　　　　　图7-2-54

说明：甲进身挑手、砍脖、铲掌、扫耳、铲乙左腿帮处都行。乙也可缩身坐腰，两腿屈膝半蹲成马步。同时，左臂屈肘成弧形，左掌成横掌，掌根着力，顺着甲右臂下面猛向其右腋处推去（名曰推窗望月，须擦着甲右臂下面推出，并微屈肘上拱，使甲右臂受阻失效）。

20. 甲搂推劈砍（狮子摇头） 乙反穿挑打（孤燕出群）

（1）甲即速沉肩，往右微转，以腰为轴，两脚不动；先用右手向着乙之左手腕顺着往外搂，随即左手向着乙左手臂肘部往外推，右手迅速向着乙之面部劈去，不间断。（图7-2-55、图7-2-56）

图7-2-55

图7-2-56

（2）乙左臂由外经甲右臂下面钻至内侧，左掌擦着甲右前臂内侧向外挂挑开甲右掌，同时右掌掌心向外前伸，上身微左转；劈按甲胸部。（图7-2-57~图7-2-59）

说明：乙左掌急向上挑挂或向外搂都可以，还可用右掌缘或砍或铲甲颈部，都要动作一致。劲力协调，以腰为轴，上身左转，以助右掌前铲之力。

图7-2-57

图7-2-58 　　　　　　　　　图7-2-59

21. 甲双截手（左滚捶）　乙连挃带劈（青龙探爪）

（1）甲见乙右掌劈来，迅速左转身，用双截手截住乙右掌。（图7-2-60）

（2）乙回穿挑打被截，速换连挃带劈，用左掌从上到前劈击甲面部（也可用铲手铲击甲右腮帮处）。（图7-2-61）

图7-2-60 　　　　　　　　　图7-2-61

22. 甲双截手偷打（右滚捶马形） 乙刁拿崩打（黑虎出洞）

（1）甲见乙青龙探爪击来，速向右转身，用双截手截乙左臂，随即用右崩拳掏打乙心窝处。（图7-2-62、图7-2-63）

（2）乙见甲掏心捶打来（崩拳），速回左手刁拿甲之右拳，同时退右脚提左脚成独立步，随即落步，用右拳击打甲心口处。此为甲之起点第一手，还打与乙方第一手相同。（图7-2-64）

图7-2-62

图7-2-63 　　　　　　　　　　图7-2-64

说明：至此，甲以上手、乙以下手对练至东端。再往下对练，便换成甲为下手，乙为上手，即甲用托肘右崩拳，乙用左劈掌，一直往西回到原地，便算一趟（图7-2-65～图7-2-124）。在原起势处，或收势继续对练，视体力自便。若收势，可按下法或其他方法均可。

图7-2-65

图7-2-66

图7-2-67

图7-2-68

图7-2-69

图7-2-70

图7-2-71

图7-2-72

图7-2-73

图7-2-74 　　　　　　　　　　图7-2-75 　　　　　　　　　　图7-2-76

图7-2-77 　　　　　　　　　　图7-2-78 　　　　　　　　　　图7-2-79

图7-2-80 　　　　　　　　　　图7-2-81 　　　　　　　　　　图7-2-82

图7-2-83 　　　　　　　　　　图7-2-84 　　　　　　　　　　图7-2-85

图7-2-86

图7-2-87

图7-2-88

图7-2-89

图7-2-90

图7-2-91

图7-2-92

图7-2-93

图7-2-94

图7-2-95

图7-2-96

图7-2-97

第七章 孙氏形意精选套路

图7-2-98 　　　　　　　　图7-2-99 　　　　　　　　图7-2-100

图7-2-101 　　　　　　　图7-2-102 　　　　　　　图7-2-103

图7-2-104 　　　　　　　图7-2-105 　　　　　　　图7-2-106

图7-2-107 　　　　　　　图7-2-108 　　　　　　　图7-2-109

图7-2-110 　　　　　　　　图7-2-111 　　　　　　　　图7-2-112

图7-2-113 　　　　　　　　图7-2-114 　　　　　　　　图7-2-115

图7-2-116 　　　　　　　　图7-2-117 　　　　　　　　图7-2-118

图7-2-119 　　　　　　　　图7-2-120 　　　　　　　　图7-2-121

第七章　孙氏形意精选套路

227

图7-2-122 　　　　　　　图7-2-123 　　　　　　　图7-2-124

23. 收势

（1）在起点处，甲用右滚捶掏心捶，乙用左挂右崩拳后，接做收势：甲、乙均右脚后退半步横落，然后重心后移（移向右腿），左脚均撤至身后，脚掌着地，两腿屈膝半蹲，前后交叉或剪子股势；同时，均出左掌，收抱右拳，成青龙出水势；目视对方。

（2）甲向右转身，面向正南，左脚向右脚并步，两腿直立；同时两掌侧平举弧形由身前下按，然后成立正姿势。乙向左后转身亦成面向正南，右脚向右横跨一步，左脚随之并步，两腿直立，站在甲左侧；同时两掌亦同时侧平举弧形下按，随即还原成立正姿势，然后同时向右转，甲前右后同时退场。（图7-2-125、图7-2-126）

图7-2-125 　　　　　　　　　　　图7-2-126

第三节　孙氏形意八势拳

形意拳是体、用、意三者兼备的优秀拳种。祖师孙禄堂经过数十年苦心研修、精炼形意拳，形成自己独特的风格和特点，深谙其精髓。生前著有《形意拳学》《八卦拳学》《太极拳学》《拳意述真》《八卦剑学》这五部著作行于世。

一、形意八势拳要领与要求

形意八势拳是根据形意拳的五行拳、十二形拳中的精华所编。练习形意八势拳同练习五行拳、形意十二形拳的要领是一致的，即象形取意，步稳身正，刚中寓柔，内外合一，力沉劲整，简洁清晰，灵活大方。

练习形意八势拳对身体各部位的要求：含胸、塌腰、松肩、垂肘、坐腕、撑掌、缩肩、缩胯、扣膝、实足、提肛、竖项、拔背、气沉等项是最基本的。习练者一定要努力做到，同时还要尽力避免努气、拙力、挺胸提腹等弊病。练习孙氏形意八势拳必须把三体势这个形意拳基本桩法站好，无论哪趟拳，都是以三体势为起点，中间虽变化万端，但基本上离不开三体势。练完一套或一趟拳后，一定要多散步，舒松经络气血以养生，延年益寿。

二、形意八势拳拳法与步法

握拳法：四指靠拢卷屈，拇指横盖于食指与中指的第二指的指节上，五指要握实，当拳伸出时，拳与前臂要成直线。

伸掌法：五指张开微屈，不可靠拢，虎口撑圆，拇指横平，腕部塌住。

垫步法：所谓垫步就是前足向前迈半步，为下一动作做准备的动作。有的直着向前垫步，有的斜着往前垫步。

跟步法：跟步，就是在前足迈出后，后足随即迈半步，斜着落地跟上去，跟步不可靠前足太近，四五寸距离为宜。

扣步法：用前足往回扣着落地，是预备转身的步子。

迈步法：往前迈步，脚不要抬高，离地寸许。

注：孙氏形意八势拳名称抄自保定定兴县武协主任孙雨人先生信函（1984年11月19日）。

三、形意八势拳动作组成

预备势、鹞子束身、炮拳（鹞子入林）、盖捶、退步崩拳、黑虎出洞（顺步崩拳）、金鸡独立、金鸡食米、劈拳（双拉手）、炮拳（顺步炮拳）、龙虎相交、崩拳、掩肘、崩拳、白鹤亮翅、右炮拳（拗步炮拳）、左炮拳（顺步炮拳或打成提身炮拳，又名挂印）、鹞子钻天、鹞子翻身、收势。

四、形意八势拳演练

1. 预备势

无极、太极、四象变三体势。（图7-3-1~图7-3-4）

图7-3-1 　　　图7-3-2 　　　图7-3-3 　　　图7-3-4

2. 鹞子束身

接上势。左脚向前垫步，同时两手往前推按，握拳翻转钻挫至与眼平（图7-3-5）。势不停，右拳交错而出，右拳贴着左臂肘下面摩擦向上拧裹打出，左拳拉至右肘侧，有手不离肘、肘不离手之说；同时，右脚向着左膝摩擦胫骨向前跨趟一大步，落地时，左脚也同时迅速跟上，紧靠右脚内踝处，脚跟塌住劲离地寸许，形成鸡腿步，两手起与两脚起落要一致；眼看右拳中指。（图7-3-6）

图7-3-5　　　　　　　　　图7-3-6

3. 炮拳（鹞子入林）

接上势。左拳向前有上挑之意崩出，拳眼向上，同时右拳回至额前，滚动翻转，手背贴住额部，拳心向外；与此同时，左脚向前蹚泥步，右脚不动，重心在右腿上，前脚有时可虚可实，阴阳变化；眼看左拳。（图7-3-7）

图7-3-7

4. 盖捶

接上势。右拳从额前向前下方弧形砸出（翻转拳背也行），高与胸口平，拳心向下，左拳变掌回捋带，于右拳打出时回收至右肘下，使右肘部正好盖在左拳之上；与此同时，左脚向前蹚泥步，右脚迅速跟至左脚内踝旁（半步跟也行），右拳打出与脚的起落要一致；眼看右拳（也可打出一马三箭路数，就是拳从额处拧转直下进步崩拳，退步崩拳，顺步崩拳）。（图7-3-8）

图7-3-8

5. 退步崩拳

接上势。右拳不动，左手掌顺右肘臂握着摩擦至右拳腕部，准备待发；右脚也同时向后撤半步（图7-3-9）。左右手在龙虎交锋时发力崩出，拳眼向上，左拳向前挫出与胸口平（有上挑之意），同时右拳向后滚动拉回靠在右肋旁，变拳心向上；与此同时，左脚撤回至右脚后，使左膝顶住右腿膝弯处，重心坐在左腿上，左脚跟也可稍离地寸许，两腿如剪子股势，身体也顺势向右稍转，拳脚务必连贯，惊炸崩出；脸仍向前，眼看左拳。（图7-3-10）

图7-3-9　　　　　　　　　图7-3-10

6. 黑虎出洞（顺步崩拳）

接上势。右拳极速向前顺着左前臂上摩擦打出，高与胸口平（有上崩挑之意），左拳急向后拉带回，靠于左肋旁（形如拉弓射箭）；右脚同时向前蹚泥步而出，左脚迅速半步跟，做到上下协调，完整如一，保持中正安舒，塌腰、坐胯、头顶、坚项、抽肩、抽胯、屈腿、含胸拔背、气沉于丹田。（图7-3-11、图7-3-12）

图7-3-11 　　　　　　　　　图7-3-12

7. 金鸡独立

接上势。两拳变掌回捋抓，往下画弧形至腹前，再发自心出自口上钻挫（如钻拳）；双脚同时往后撤，右脚虚（图7-3-13、图7-3-14）。接着，右拳上前画弧形钻出，左拳至右肘旁；右脚再同时往后略撤步；左拳顺着右臂摩擦至龙虎相交处撕扯向下劈按插；左脚急跟在右脚内踝处，成鸡腿步，可以震脚。（图7-3-15～图7-3-18）

图7-3-13 　　　　　　　图7-3-14 　　　　　　　图7-3-15

图7-3-16 　　　　　图7-3-17 　　　　　图7-3-18

8. 金鸡食米

接上势。左脚向前急速蹚出，右脚紧跟，形成半步跟三体势；此时右手掌变拳同时崩出，高与胸口平，拳眼向上。左手则扣住右拳腕部；眼看右拳。（图7-3-19）

图7-3-19

9. 劈拳（双拉手）

接上势。左手向前劈出时，右拳也同时变掌回拉至腹前，拇指第二关节靠肚脐处；与此同时，左脚向前蹚步，要有踩踏碾劲，右脚不动（走鹰捉劈拳也行）；眼看左手食指。（图7-3-20）

图7-3-20

10. 炮拳（顺步炮拳）

接上势。右手向前伸出至左腕旁，回锁手捋带，抓至腹部变拳并向内裹，拳心向上；与此同时，右脚向后撤步，左脚也撤至右脚前，与右脚成错综八字，右脚紧跟至左腿内踝处，变成鸡腿步；左拳急速上钻挫，右拳同时钻左臂肘部，护住中线，有中节不明半身空之说。（图7-3-21～图7-3-23）

接着右拳向前崩出，举眼向上，与胸口平，左拳则向额前滚回挂，拳心向外，拳背贴住额部；同时右脚向前蹚出，形成三体势；眼看右拳，沉肩垂肘，头顶竖项，塌腰坐胯，气沉丹田。（图7-3-24）

图7-3-21　　　图7-3-22　　　图7-3-23　　　图7-3-24

11. 龙虎相交

接上势。左拳往下钻拧至胸前，拳心向上，接着贴着右臂下边再向前挫出，拳与胸平，拳眼向上，同时右拳拉回至腹部，拧身坐胯，形成剪子股；眼看左拳（图7-3-25、图7-3-26）。紧接着，右拳顺着在肘臂摩擦崩出，拳眼向上，交与胸平。左拳也同时拉回全腹部，肘护肋；与此同时，左脚往上提起，搓蹬如画半圆形，要与右拳在一条线上，动作相齐互相挨着；眼看前方。（图7-3-27、图7-3-28）

图7-3-25　　　　图7-3-26　　　　图7-3-27　　　　图7-3-28

12. 崩拳

接上势。左脚向前落下，右脚半步跟；同时左拳顺着右前臂交叉而崩出，拳眼向上，交与胸平，右拳则回拉至腹部肘护住肋，拳心向上；眼看左拳，松沉提肛，塌腰坐胯，抽肩抽胯，头顶竖项，气沉丹田。（图7-3-29）

图7-3-29

13. 掩肘

接上势。右脚后撤步；左拳同时回掩肘；左脚也回撤点，重心在右腿上，身体保持在 45°状态；眼看左拳，距离约尺许。（图7-3-30）

图7-3-30

14. 崩拳

接上势。左脚向前方迈步，身体也随之向左转；左拳随身体转动，做到掩肘的同时，迅速往回打出顺步崩拳（图7-3-31）。紧接着，右拳顺着左前臂摩擦崩出，高与心口齐，左拳同时拉回左腹部，右脚也急速向前摩左膝，擦胫骨蹚出，做到手脚相合，上下对拔，前后二争力。（图7-3-32）

图7-3-31

图7-3-32

15. 白鹤亮翅

接上势。右脚内扣，左脚侧迈外开，形成马步桩，但是要圆活自如，圆裆开胯，无有一处不圆，裹抱撑；同时右拳向下画弧挂至腹部，双拳心扣至腹部，名为扣丹田（图7-3-33）。接着，将两拳提至胸口处，向左右各画半圆形（也可同时上崩弹至前额处），至肋部，垂肘，双拳心向上，两臂混圆，两拳下砸，外开也行。（图7-3-34、图7-3-35）

接着两拳从下往崩开画至一圈到小腹丹田下，左拳变掌，掌背紧贴丹田处，右拳背砸在掌心；与此同时，左脚内扣45°，右脚回撤左脚前，弓身头额前下顶撞（是头打），鼻尖与右脚尖相对。（图7-3-36）

图7-3-33 　　　　　　　　　　　　图7-3-34

图7-3-35 　　　　　　　　　　　　图7-3-36

16. 右炮拳（拗步炮拳）

接上势。右拳向前上斜翻钻，左拳至右肘部，不停，左拳向前崩出，与右脚同时前蹚，右拳回挂，滚翻贴住额部，形成三体势。（图7-3-37、图7-3-38）

图7-3-37 　　　　　　　　　　　　图7-3-38

17. 左炮拳（顺步炮拳或打成提身炮拳，又名挂印）

接上势。右拳往前下锁砸至丹田，左拳变掌，同时锁手回带至丹田处，与右拳背相交；同时右脚回撤步震脚，左脚也同时撤至右脚内踝处，形成鸡腿步。（图7-3-39）

图7-3-39

18. 鹞子钻天

接上势。左拳随着右拳上钻挫至右拳肘部，务必做到回脚震，手砸丹田一致反弹，钻出右拳（图7-3-40）。不停，左拳突然崩出，与心口齐，右拳回挂至额前，双拳要如炸药性烈炸开（图7-3-41）。接着左拳前盖，右拳同时往下前滚翻（如马形），垫左步。不停，右拳顺着左拳面钻裹拧翻至头顶前方；同时右脚上步摩擦左膝胫骨前蹚泥步，然后左脚紧跟右脚半步跟；左拳也同时至右肘部；眼看右拳。（图7-3-42、图7-3-43）

图7-3-40

图7-3-41

图7-3-42

图7-3-43

19. 鹞子翻身

接上势。扣右脚45°回身；同时，右拳经额前弧形随身体左转下砸至在肩前（图7-3-44）。不停，后撤左脚至右脚内踝处；左拳往下翻至右胯处，拳心向外，两拳合上劲，上下对拉，阴阳相济；眼看前方（图7-3-45）。紧接着左拳挑出；同时左脚前搓蹚；右拳下叼抓，至右胯处，双手要争上力，前后拨挑如持枪式（图7-3-46、图7-3-47）。全套动作到此结束。可以收势，撤回左脚与左拳，身体直立成无极桩。

图7-3-44 　　　　　　　　　　图7-3-45

图7-3-46 　　　　　　　　　　图7-3-47

按理说，可继续往回打重复动作（图7-3-48～图7-3-88），就是方向相反。接第一势鹞子束身，循环打下去……右拳继续从左拳下钻出，垫左步，上右步，一直往前，摩膝擦胫从左踝处上一大步，同时左脚停于右脚内踝处。左拳在右臂肘弯处（图7-3-89～图7-3-90）。

图7-3-48

图7-3-49

图7-3-50

图7-3-51

图7-3-52

图7-3-53

图7-3-54

图7-3-55

图7-3-56

图7-3-57 　　　　　　　　图7-3-58  　　　　　　　　图7-3-59

图7-3-60 　　　　　　　　图7-3-61 　　　　　　　　图7-3-62

图7-3-63 　　　　　　　　图7-3-64 　　　　　　　　图7-3-65

图7-3-66 　　　　　　　　图7-3-67 　　　　　　　　图7-3-68

图7-3-69

图7-3-70

图7-3-71

图7-3-72

图7-3-73

图7-3-74

图7-3-75

图7-3-76

图7-3-77

图7-3-78

图7-3-79

图7-3-80

图7-3-81 　　　　　　　图7-3-82 　　　　　　　图7-3-83

图7-3-84 　　　　　　　图7-3-85 　　　　　　　图7-3-86

图7-3-87 　　　　图7-3-88 　　　　图7-3-89 　　　　图7-3-90

20. 收势

练到原来的初始位置后，还是鹞子翻身（图7-3-91），最后收势还原成立正无极势。（图7-3-92）

图7-3-91 　　　　图7-3-92

第八章　饮水思源

任何技术的学习与传承，都离不开老师的无私传授。没有老师的授业解惑，就没有个人（技术）的发展与进步。从懵懂少年到如今专职教授武术，笔者在成长过程中得到过众多良师益友的帮助与提携。饮水思源，武恩前辈。

第一节　记孙氏武学第二代传人梁凤祥先生

梁凤祥先生（1925.12—2019.01）出生于河北省沧州地区吴桥县。1951年7月毕业于河北省省立天津师范专科学校。大学毕业后被分配到唐山教育局工作，后在唐山第十五中学退休。

1957年春，市政府机关工会号召干部晨练，并举办太极拳学习班，聘请张玉书先生任教练。每周一、三、五早晨在公园教拳。从那时起，梁先生开始习练孙氏内家拳。

1961年9月至1964年11月，梁先生被借调到中央教育部，参加编写工农业余学校教科书工作。1962年春，在北京太极拳竞赛大会上，有幸遇到孙剑云老师并得老师准许，每周一、三、五日下午到她家去学习孙氏武学。那时候她住在东单东边水摩胡同37号。当时同梁先生一起学习的只有她的侄女孙叔容和她的侄孙孙庚辛。经过3年的学习，打下了坚实的基础。回唐山后，仍坚持在节假日或是开会途经北京时去向老师学习。在掌握了孙禄堂先生创编的孙门三拳、剑后，正式递帖拜师，被列为中国孙氏武学第二代传人。

梁先生在京期间，也曾在东单公园跟李文彪的弟子王达三先生学过24式太极拳和32式太极剑。在孙剑云老师家里数次碰见李天骥先生，研讨过这套拳剑。

1989年3月，梁先生参加了国家武术院举办的全国太极拳师培训班，并取得孙、杨两式太极拳竞赛套路的合格证书。当时一同学习的有北京的戈春艳、张勇涛等，教练有张永安和杨振铎、李秉慈、阚桂香、张继修等诸位先生。后来由国家体委副主任、武协主席徐才颁发证书，参加结业典礼的有蔡龙云、张文广、徐才等中国武术名家和领导。

1991年，河北省武协在唐山培训全省的太极拳师，梁先生参加学习42式太极拳、剑。当时的教练是河北省武协副主席翟金生。

1986年到1994年，梁先生被推选连任唐山市武术协会常务副主席，再后来担任顾问。1997年，唐山市成立太极拳联谊会，被推选为顾问。在20世纪八九十年代，梁先生曾多次参加唐山市武术比赛、表演大会，均获得大奖，并多次担任裁判员、裁判长、评委、仲裁等职。还多次为市太极拳联谊会召集的四五百人举办太极讲座。

梁先生从1970年开始从事太极拳、八卦掌、形意拳械的教学工作。1987年在市武术协会举办的各种武术班中教授八卦掌。1988年应丰南县邀请，教授县体委举办的太极拳培训班。1989年应古冶区武协邀请，在赵各庄矿俱乐部举办太极拳学习班。梁先生在2002年被授予中国武术七段，同年被编入《当代中华武术大典》第二卷《中华太极人物志》。如今梁先生的弟子、学员遍及唐山地区，也有外地的如内蒙古、黑龙江等，很多弟子已经成才，在各类武术比赛中获得奖项。

梁先生在教拳的过程中，以恩师孙剑云先生为榜样，守武德，远名利，重洁行，自强不息，无私奉献，从没有收过费。在教学中，梁先生经常教导学员们：习武德为先，要宽容忍让、德艺双修、继承发展，只有武德好的人，才能练好武艺。

梁先生认为，传统武术是国之瑰宝，是优秀的民族传统文化。梁先生的主张就是：一朵鲜花不是春，百花齐放春满园。中华文化博大精深，武术作为传统文化中的一枝奇葩。梁先生觉得"习武要以德为先，要宽容忍让，德艺双修，继承发展"，这也是梁先生经常教导学员们的话。梁先生说："以孙氏拳来讲，孙禄堂先生留下来的五本书的主题思想就是四个字：中和内劲。中和的本意是'心神与身体的和谐'。引申意就多了，如七情六欲未发为中，发到中节为和；练习内家拳内三合为中，外三合为和，内外相合为中和。习武尤其是练太极拳，讲天人合一，要内外兼修，性命双修。心为性，体为命。心好体才好，心不好体就好不了。太极拳利用后天返先天，以强身健体、延年益寿为第一目的，以防身为第二目的。它是武术，就含有技击性，它是后发制人。你来的劲越大，打得你越疼，摔得越远。也很礼让，中华文化讲五常：仁义礼智信。其实守仁保肝，守义保肺，守礼保心，守智保肾，守信保脾。这即性好命好身体好，德好艺才高。"

第二节　孙氏武学之刘国新先生

刘国新先生（1919.11—2006.7）自幼生长在唐山市乔屯的一个大户人家。全家靠父亲在唐山铁路工作的收入及出租祖辈留下的30余间房产维持生活。尽管生活不算富裕，但父母尽量让自己的子女上学学文化，长谋生的本事。所以刘国新老师和他的兄弟姐妹大多是师范毕业。

刘国新老师1935年在本市国民小学高级班毕业后，考入丰润县立简易师范就读四年。日本侵略中国，刘国新的父亲担任车守工作，一个外国人丢失了一架照相机，日本宪兵队认为刘老师的父亲严重失职，被严刑拷打，几天起不来炕。这件事对刘国新的刺激很大，非常痛恨日本鬼子，决定投笔从戎，于是和同班同学一起考入治安军清河军官学校。毕业后先后被派到伪治安军和唐山市警察人队任职。刘国新先生从小就受父亲为人老实厚道，不做恶事的教育，在治安军和警察队人吃人期间，从没有做过伤天害理的事。

1945年，刘国新先生因患失血病弃职在家休养。

1945年，刘国新在家养病期间，有幸结识了孙氏拳名家张玉书老师。为了强健身体，随张玉书先生学习形意拳、八卦掌、孙式太极拳。从此刘先生与武术结下了不解之缘。

1949年2月唐山解放后，刘国新老师的身体日益强壮，经同院邻居介绍考入冀东建国学院（原交大）。在学院学习的三个月中开阔了眼界，提高了觉悟，确立了革命的人生观。同年5月响应政府号召，参加了冀东南下工作队，被派往湖南省邵阳专区隆回县第一区人民政府当管理员，主要负责财经工作。一年后突发肺结核病，经领导批准复员回家休养。

病好后，刘先生先后在唐山大众俱乐部任职员，先后在文化馆民教部、工农总校、陈谢庄小学、达谢庄小学、沟东小学任教。

"文革"中，刘先生受到精神和肉体上的摧残，全家老小每月只靠他21元生活费艰难度日。落实政策后，刘国新老师又回到了教育战线上，兢兢业业地工作，直至1980年退休。

此后，刘先生把全部的精力都放在了武术上。他曾担任唐山市武术协会委员，除参加武术比赛外，大部分时间当教练，耐心地教授广大的武术爱好者。

2006年7月，刘国新先生因病医治无效病逝，终年88岁。

刘国新先生一生教授弟子无数，有邓福明、王建国、杨志新、李宝金、孟庆功、王连胜、刘立柱、刘远军、崔秀敏、张贵宝、姜铁民、刘希军、刘恩海、李守刚、赵志新、安红梅、刘金国、张国强、李桂芬、梁俊文、陈国丰、王长海、张民强、王守信等。

第三节　我的老师张德海

张德海先生（1911—1995），唐山丰润县人。1911年出生于一个农民家庭。自幼喜武，苦于无门，因家境困难，于1929年来到唐山市赵各庄矿做工，遂投于少林弹腿门下，又兼习形意、八卦、太极等拳术。1957年，孙禄堂之子孙存周来唐山亲身传授孙氏拳法，其受益匪浅，茅塞顿开，又经四十几年的揣摩、苦练及教学实践，深得孙派拳法之真谛。

1929年，张德海在唐山赵各庄矿投师于张栋老师门下，学习数载后又经旺海、博贯然、李怀成等诸位名师指教，粗通拳法、器械之术。特别是张栋老师的拳械在河北京东一带名气很大。张栋老师不识字，但经常与弟子们说"别看我的东西不怎么样，但孙禄堂却跟我学习了两年之久"。当时弟子们不知道孙禄堂是何许人也，所以也就没往心里去。1957年孙存周来唐山后方知，当时孙禄堂先师在遍访名师期间来过唐山赵各庄矿，曾投于张栋老师门下两年之久，专学器械。后来所创孙派器械均有张栋老师之器械原型。其中，张栋老师的刀法堪称一绝，与对手砍刀之时，其刀尖不离对手面门左右，且脚步摆扣总是走圆圈。当时张德海不明其理，过后经习练内家拳术，方知此乃八卦太极之刀也。据张栋老师所说，其"步战五侯刀"是其兄张谭从崂山所得，此刀为三国马超所用，刀法之神妙为其他刀法所不能比拟。当时张栋老师称此刀为"十三会"，在今天看来即太极中所说的"十三势"或"十三刀"。另外，张德海所学博贯然老师的"三节五子拳"是家传之宝，从未传过外人。其大祖父博凯在东北当保镖，一生仅练此拳，未遇敌手。据说博贯然老师在唐山赵各庄与内家拳师交手时一个"蛤蟆三扑水，"就将对手顶于丈外，令人称奇。张德海用"步战五侯刀"才换得"三节五子拳"，练后方知其拳练形为"牛惊、马跑、虎纵跳；龙形、蛇走、鹰抓兔；猫扑、狗闪、蝴蝶飞"。集各长拳之优，手、身、步之法皆为内家拳之形。故张德海爱不释手。

张德海早年从师于旺海老师习练老式八卦掌法；又从师于宋振石老师习练形意拳和太极拳法，但当时因年轻且没有文化，未予太多的重视，只知皮毛。学会以后，历经日本鬼子进关，遂回家务农，所学多有模糊。时局稍稳，张德海又到唐钢工作，又从师于当时唐山铁路医院院长蓝福桐老师，习练孙式太极拳。蓝福桐老师也有不明之处，则二人同议，于1957年请北京孙禄堂之子孙存周来唐山师传半年之久，期间孙存周老师询问起从师情况，张德海如实告知，自己的启蒙老师是京东小八沟张栋时，孙存周老师急切地说道："他没有儿子，只有一个姑娘。"张德海说："对啊。"孙存周老师这才缓慢地说道："我老人家曾跟他学过两年的器械，临终之前还告知我们，孙派之器械原型都师出于京东张栋之传授。"至此张德海才想起张栋老师经常所说的不假和其含义。此后爷俩儿的心更走近一步，一个认认真真地学，另一个真心实意地教，使张德海所学知识前后衔接，受益匪浅。

在以后的40多年里，张德海先生是人不离拳，拳不离身，天天演练，日日揣摩，终有所悟，业有所得。名师一代，桃李天下。

第四节　梁克权先生二三事

在北京北滨河公园的绿荫下，常常可以看到一位老人在打拳。这位老人一对明眸炯炯放光，他闪、展、挪、起、落、钻、翻，身形灵动，拳脚到处虎虎生风。练了一会儿之后，一个高大青年用一根白蜡枪杆抵住老先生的喉部，用力前推，把枪杆推成了对头弯，老人却纹丝不动。忽然，老者微一加劲，倒把小伙子顶出了大老远。这位看上去五十上下年纪的老者，就是武术名家梁克权先生。

梁先生祖籍河北涿县。其祖父梁景春曾在清王府做总管，是一位富有正义感的老人，曾冒着杀头的危险把当时改良派领袖康有为、梁启超藏在王府内，使他们免遭慈禧的毒手。梁克权先生自小受着爱国教育，小小年纪就立志习武强身，报效中华。

梁先生8岁拜周鲁泉为师，习形意、八卦。周先生是八卦祖师董海川八大弟子之一刘凤春的大弟子。周先生生性雄豪，技艺超人，在这样的严师教导下，梁先生刻苦用功。就拿站三体势桩来说，他一站就是几个时辰，腿打颤了也不停一停。数九寒天，漫天大雪，梁先生在室外站桩，头上冒着热气，身上飘满雪花，俨若一尊石雕像。由于他精心研练，功夫大进。

梁先生迁到北平居住后，家有几间空房子，打算租给同胞住。谁料想住户柴永发是个特务。这家伙把房子转给了一个小太宰的日本翻译官，日本人又把房子高价租出，自己发了横财，还不向梁家交房钱。一日，梁母前往索要，太宰不但不给钱，还对老人家又嚷又骂，又是威胁。梁母回到家里，神色黯然，梁师问话，也不回答。梁先生猜到此间缘由，直奔护国寺太宰住处讲理。太宰一见，勃然大怒，顺手抄起茶壶向梁师猛砸过去。梁师微一侧头，茶壶在墙上碰得粉碎，滚烫的茶水顺墙流下。梁先生一纵身跃上前去，一个劈拳，把太宰打翻在地，顿时，他脸上像开了杂货铺，五颜六色，直疼得嗷嗷大叫。门口，一只受过训练的狼狗大得像头小毛驴，狂吠一声，骤然扑来。先生飞起一脚，踢个正着，狼狗哀嚎一声，倒在地上，断了气。当时正值日寇侵华，他们对此岂能善罢甘休。梁先生为此被宪兵队拘留，幸有民主爱国人士的帮助，才免遭于难。

时隔不久，正是1940年腊月三十。位于北平西郊有个白香庵，那里是日办华北农事试验场技术训练部，正在举办迎春年会。

操场上580名学员在朔风中站立，紧张地观看"四猫台"（音译，即柔道台，台面铺沙子）上的柔道对练表演。突然一声惊呼，一名中国学生被对方从台上推下，头磕在梆硬的土地上，顿时昏了过去，这已经是第三个人了。只见日本柔道教练四岛，敦实的个头，挺着胸脯，旁若无人地站在台中央。人群中有人小声说："这家伙真当咱是'东亚病夫'呢。""简直是野兽！干嘛把人往死里摔！？"梁先生对日本人在中国人民头上作威作福早已看不下去。见此情景，听到议论，更是怒火中烧，便要上去教训这个小丑。

梁先生是该校第五期学员，学锦葵科。按照校方的规矩，学生出列要先报告，获批准方可。在梁先生身边的同乡、同学陈达化、王纯、刘权恒、刘礼恒等人迫不及待地簇拥着梁先生走上台子。四岛在梁先生目光的威摄下，双腿不由自主地颤了几颤。他见梁先生中等身材，举止斯文，马上镇静下来。一个恶虎扑食窜向梁先生。只见梁先生不避不躲，径直迎上前去。一招蛇形式将四岛挑起，摔出一丈开外，四仰八叉倒在地上。蛇形式乃形意十二形的一形，原本颇具威力，梁先生使得又是恰到好处。四岛先是用手揉揉腰，接着摇摇晃晃地站了起来。四岛毕竟是柔道高手，稍定了定神，又一招蛇形式将四岛挑起，重重地摔在地上。过了好一会儿，四岛才爬起来。他不服气地问道："你用的什么招术？"梁先生自豪地答道："这是中国武术。"四岛锐气大减，耷拉着脑袋，在众人的轰然大笑中，一瘸一拐灰溜溜地走了。

站在一旁的另一名日本柔道教练原野像一头野猪窜到台上，不由分说，使出险恶的一招"绞技"去勒梁先生的脖子。若是脖子被人勒住，任你解术再高，也无法摆脱困境。这一招是柔道中歹毒的招式。台下的中国学生瞪大眼睛，握紧拳头……没有惊人艺，怎敢伏虎狼。梁先生自幼随名师习武，又兼聪明灵悟，苦练不辍。两年前，他又拜在"眼镜程"之子程有信先生门下，技艺又有很大长进。此时梁先生神态自若，说时迟，那时快，就在对方将下杀手的刹那间，梁先生用"虎托子"击在原野双肋。原野身体的宽度和身高差不多，活像个"辇金钢"，论体力和武功比四岛尚胜一筹，但他被梁先生这一击，像一堵矮墙"扑通"一声平摔在地上，哪里还挣扎得起。

大个子教练双目圆睁，便要大下杀手，竟然连他们自己制定的比赛规则也置之不顾了。台下中国学生看出，这分明是在搞车轮战。

"嘘"声四起。梁先生站在台的一端，双臂交叉于胸前，对大个子侧目而视。先生脸不红，气不喘。在他的浩然正气的震慑下，大个子下了台子。台下掌声雷动，持续了好一会儿。

光阴飞逝，40多年过去了。年轻人问起梁先生当年往事的时候，他总这样说："过去的事提他干嘛，现在中国武术走向世界，发扬光大，要靠你们青年努力了！"

梁先生现在担任北京形意拳研究会的顾问，经常为武术事业不辞劳苦地奔波。教人练拳时总是身体力行，身教重于言教，反复讲解，做出示范。老人家虽已近古稀之年，仍把自己的技能毫无保留地服务于人民。

第五节　忆学拳往事

　　谈到练拳体会，师生们见面时学生们经常让我讲一讲，好激励他们练功的兴趣。想起那是 1991 年的夏天，我和我的朋友，维纳斯影楼经理李国方先生正在我住所旁的新区六小区花园内树丛中的一块空地练功。当时我叫李国方站形意拳三体势桩，突然从树丛外面进来一个男子，大约在二十八九岁吧。他开头就问："你们这是干什么呢？"我看了看他说："我教他站三体势桩法呢！"他又问："什么是三体势？"听他说话语气不怎么友好，可能是有备而来。我回答他说："一时半晌也说不清楚。"我反问他："你是哪里的师傅，家住在何处？"他说："我在新区九小区住，是二十二冶的建筑工人。"我又问他："你也喜欢武术，是练什么功夫的？"他说："我是练少林长拳的，你练到几步功夫了。"我说："我是武术爱好者，练孙氏形意拳的，没有达到什么几步功夫。"他又说："我看见六小区花园内有一个练形意拳的。"我答到："那就是我。"他说："新区这块土地上练内家拳的有功夫的有几个人，你认识华新纺织厂的拳师孙相吗？"我说："孙相老师我俩很熟，至于新区练内家拳有多少功夫的这个我不清楚。"他说："孙相经常到我家里来。"我问他："你都会什么功夫，练几年了？"他傲慢地说："我八九岁就练功，那个用气罩罩着。"我说："我听说有少林七十二艺金钟罩、铁布衫。"他说："你猜对了，我就是练金钟罩、铁布衫的。"我问他："那你用什么练拍打了？"他说："我用竹坯子往身上来回拍打，我让徒弟往我身上拳打脚踢，我浑身一崩弹，他就跌出丈外。"我说："你的功夫真是很好，还有别的吗？"他说："不瞒你说，一块巴掌大的鹅卵石在我掌上托着，我可以用另一手掌砍下来，立刻石开碎裂。"我一听吓一跳，心里直打鼓，心想眼前这练长拳的可是高人哪！

　　我夸奖他一番。可是这个师傅不等我说完，立刻就说："你接我一掌，体会体会我的功夫有多少。"话到掌到，还没等我反应过来，右掌就劈向我的胸部，我下意识地身体往下一缩，右手按住他的右掌，左手接住他的右肘部，猛地向右前微斜，一个挫力把他放了出去。他从地上爬起来，拍了拍身上的土，我怕他上火，就跟他说："你还真灵，起得还挺快。"我俩交谈是面对面，也没有拉什么姿势，摆什么架子。李国方一看这种情况，马上跟我说："师父咱们走吧,到我那里看看。"我也没有跟二十二冶的那个人再说什么,就跟李国方来到他的临时照相馆。进屋后他就问:"我在你俩旁边看着,只见他打你,却没看见你使招,他怎么就出去了呢?"我说:"我也不知道哇,反正一害怕的,两手一乱划拉,浑身一激灵,他就跌出去了,也许是本能反应吧。"

我俩回忆研究当时情形,那个练长拳的还会铁砂掌,这要是真把我给拍正了,打坏了,吐血伤身,你说冤不冤哪。我俩平时也不认识,他也真大胆,我也真后怕。我就跟李国方讲:"这都是拳理里说的,直而无力,曲着力富。他练长拳的,出掌猛,还伸直了,旧力出去了,新力还没等着复生,我再本能把自己的身子一缩,含胸坐胯,用双手紧紧吃住或管住他的手和臂,急一发力,他就站不住脚了,还不出去才怪呢!也可能是反作用力吧。"这就是平常多站三体势,打拳时一松一紧,刚柔相济。我和李国方又演了一回当时的动作,让他体会一下感觉,李国方倒是让我发出去了,但是不怎么理想,那种刹那间的精神能量在体内没有爆发出来,反正是不一样。希望同道之人分享。

1985年,我和程秉钧老师到山东济南千佛山游玩。一路上,老师给我讲拳理拳法,还说:"福明啊,我看你练功这么苦,也真喜欢孙氏拳学,你的内力已经练出来了,也该练练身法了。"我问老师:"我不会,怎么练呢?"程老师一边走一边在大道旁的树底下左右来回绕树,打着横拳,变换着身形步法,教我前进后退,左顾右盼,绕步、过步、倒叉步、急回身、变化拳法等,真是灵巧多变,使我开了眼界,心有所得。又一次夏天,我来到市内路北龙华楼陡河河沿程老师的练功场地,和师兄弟们练习太极拳推手。老师看着我们玩得很高兴,当场表扬我说:"福明,你推手时,我看到有时候做到了空而不空,这很好,一定保持下去,就这样练,今后你会大有长进的。"我听后很受鼓舞。

2005年一个春日，我带着几位学生来到市内路南商联工房孙昌瑞家看望求教，落座以后，孙老师很会开玩笑地说："现在南边属任忠信练得好，北边就属你邓福明了。"大家直笑，我一听赶紧说："老师，这个玩笑开不得，我还差得远呢！要不怎么总来学习打扰您呢。"老师说："你来，我很欢迎，可有一句话我得向你说，那破烂里面也有宝哇。"我说："老师您放心，我记住了，决不自满，永不放弃孙氏拳。"孙老师听了很高兴，给我们说拳，讲名人轶事，讲孙氏拳学的精点，使我们受益匪浅。

2008年的秋天，我和师弟刘立柱来到路北龙东小区，我先看望了我父亲，又来到了梁凤祥老师的家里。刘立柱师弟让梁老师看了看自己所练的形意拳，找一找不足之处。梁老师做示范，让师弟推他，怎么推也推不动。老师给我俩讲解力学原理、物理现象，说："这都是矛盾的对立统一，是唯物辩证法起作用，阴阳对立又相吸等哲理。" 然后告诫我俩多实践，多体悟。还跟我说："福明，你的形意拳练得还可以，在八卦、太极方面要多下些功夫，因为你经师比较多，姿势难免有不正确的地方，一定要掌握好正确的身形架势。主要是你现在在武馆里正教外国人，这可马虎不得。"我表示一定虚心接受，说："我悟性不好，文化比较低，接受能力差，把拳都给练跑了，已经习惯成自然了。"但我表示不辜负老师的一片教诲。把前辈们的希望和嘱托，当成今后前进的动力。老师也一再强调："将来把孙氏拳发扬传播下去，就看你们这一代人怎么再去带下一代人了。我们现在的几位老师都已经八九十岁的人了，时间不等人哪。福明你现在也出了光碟，给孙氏门做了一点贡献，但是想要出书，可要仔细斟酌，不能失去本质，还要有新创意，想象力是好的，应该有所作为，望你锦上添花，心想事成。"通过这次谈话，使我信心百倍，一定要在孙氏武学前进道路上当一名鼓动者，尽一点微薄力量。

第九章　邓氏杂谈

在长期的武术练习与武术教学过程中，执着的思想偶尔会遇到灵感的火花。本章节收录一些笔者对武术、功夫的感恩录，定名为邓氏杂谈。

第一节　法无定法 变亦是法

从古到今法不明的人，都是没有明白"一画"这个道理的真正含义。"一画"讲的是规律，是"心法"。若"一画"的道理真正弄明白，则眼界不存在障碍，形成，打破，再形成，再打破，不断进取，举一反三，触类旁通，左右逢源。《论语》中子曰："不愤不启，不悱不发，举一隅不以三隅反，则不复也。"

古人无不以法为而为，又不以法而为。法是一，一是无障碍的，如果执着两端就会有障碍，就是偏离了。然而，懂得什么是法以后，也不能执着于法，执着于法也是障碍。所以"一"的道理虽然很简单，却可无限演绎，既不为无法所限，也不为有法所限。如《金刚经》所言：不应取法，不应取非法。以是义故，如来常说：汝等比丘，知我说法如筏喻者，法尚应舍，何况非法！

法随武生，障自武退。法与障二者必居其一。因此了然宇宙"乾旋坤转"之义，才知"一画"从何来，武道自然昭彰。故"一画之法" 是为"心法"。

古人运用"规矩"，发现了普遍规律。我们懂得这个规律以后，就懂得所谓无为之浩就在于顺应自然。如今能把古人的道理加以演化的人，已经很少见了，所以常常遗憾那些泥古不化者，把活的规律当作死的教条用，这是认识上的局限，眼界不开阔。因此，有见地的人，借古人之法来开今日之武学。

又说"高人无法",并非真的无法,而是将有法当作无法,这才是最高的法。如佛所说:"非法,非非法。所以者何?一切贤圣皆以无为法而有差别,一切法无我、无人、无众生、无寿者。"又说:"一切有法,如梦幻泡影,如露水亦如电,应作如是观。"(见《金刚经》)凡事有定数必然有变数,有方法必然有演化。知道定数,就有变数,知道方法,就要演化,所以说,为武之道乃天下变通之大法。

所谓心法,就是世界观、方法论。这些经典无一例外都是源自对宇宙自然的高度认识,那是在宇宙巅峰才能看到的景色。因此,决定中国传统武术文化的精髓,在本质上是充满了活性的,其思维方法皆为中道,在儒家的《中庸》里,在释家的《金刚经》《心经》里,在老子的《道德经》里,在那些充满了智慧的经典里,美轮美奂,无不闪耀着活性思想的光辉。那是灵感的源泉,一切生命的源泉,它可以搅活一潭死水,让你的思维充满活性,让你们的生活更具活力。

儒家《中庸》(节选):"天命之谓性,率性之谓道,修道之谓教。道也者,不可须臾离也。可离非道也。是故君子戒慎乎其所不目者,恐惧乎其所不闻。莫见乎隐,莫显乎微,故君子慎独也。"子曰:"道不远人,人之为道而远人,不可以为道。正己而不求于人,则无怨。上不怨天,下不尤人。君子之道,譬如行远必自迩,譬如登高必自卑。诚者,天之道也;诚之道,人之道也。诚者不勉而中,不思而得,从容中道,圣人也。诚之者,择善而固执之者也。自诚明,谓之性。自明诚,谓之教。诚则明矣,明则诚矣。唯天下至诚,为能尽其性。能尽其性,则能尽人之性。能尽人之性,则能尽物之性。能尽物之性,则可以赞天地之化育。可以赞天地之化育。则可以与天地参矣。其次到曲,曲能有诚,诚则形,形则著,著则明,明则动,动则变,变则化。唯天下至诚为能化。"

第二节 习练孙氏武学 提高自身修养

学武是渐进与顿悟兼而修之,不可投机取巧,用清净心千锤百炼,打好每一拳势。有三部经典对学武有益:《中庸》《道德经》《金刚经》。三部书都是讲心法,皆可运用于练武之道。《中庸》讲道源于天,人道效仿天道,为天容万物、海纳百川之说;《道德经》讲自然辨证统一的艺术;《金刚经》讲心不住相，方可明心见性。其核心思想皆为"一即一切，一切即一"，乃天上正等正觉之说。三部经典开阔胸襟之功效，远胜于读万卷书，行万里路。

太古明分，宇宙处于混混状态，无法可依。当天地两极出现的时候，就开始有了基本规律或法度。

法度依何而立？那就是"一"，宇宙是统一的，"一"是万事万物的根本。万事万物有着共同的基本规律，小到基本粒子，大到天体宇宙都遵循着同一定理，精神与物质中亦有它的存在。所以佛说："苦世界实有者，即是一合。"（见《金刚经》）然而，却很少有人知道其中的道理。所谓"一画"之法，乃自孙禄堂所提，就是通过明心见性，孙用"一"的道理把事物看完整，如《华严经》所说，一即一切，一切即一。所以"一画"是写万事万物的根本。立"一画"之法，方可从无法中生出有法，并以有法统贯众法。所以"一画"是为武之道的心法概述，山川人物，鸟兽草木，池榭楼台，大千世界各有姿态，错综复杂的情态结构，穷尽其理，曲尽其态，都未能逾越"一画"之规矩。

无论行多远，登多高，皆从"一"始。"一"收尽天下宇宙，亿万万笔墨没有不始于此而终于此者。人的思维也未能脱出"一"的范畴，因为"一"的里面包含着二，即一阴一阳谓之道，故太极生两仪，两仪生四象，从而演化万物。也就是老子所说：道生一、一生二、二生三、三生万物。万物负阴而抱阳，冲气以为和。

自天地出现以后，"一画"之法就成立了，"一画"之法也是统摄万物之法。老子在《道德经》中言：昔之得一者；天得一以清，地得一以宁，神得一以灵，谷得一以盈，万物得一以生，侯王得一以为天下正。所以说"练武之道"，以一法贯穿始终。

因此无论学什么，只有通了心法才能达到最高境界。"一"不明则万物障，明则万物齐。"知其雄，守其雌，为天下蹊。为天下蹊，常德不离，复归于婴儿。知其白，守其黑，为天下式。"

儒、释、道智慧，无一例外均源自对宇宙的认识，古今大智慧者无不涉足其中。读懂经典，胜于读万卷书、行万里路。俗话说，登高才能望远，精神所在的层次就决定你看到了什么。所以"回之为人也，择乎中庸，得一善，则拳拳服膺弗失矣"。

第三节　武学文化论

文化与科学不同。科学日新月异，越新越好，而文化则如陈年美酒，历久弥香。有科学知识更要有文化意识。

我们不仅重视科学的实事求是精神和严格的逻辑推理，也重视古人的伟大创造力，即"道生一，一生二，二生三，三生万物"的博大内涵。故此，爱因斯坦认为，真正的发明不是归纳，也不是演绎，而是自由自在的想象，创造力比知识更重要。从这个意义说，科学与武术二者合一，才是人类完美的思维方式。

意象思维源于"太极"。宋代韩纯全《山水纯全集》序曰："夫画者，伏羲氏画八卦之后，以通天地之德，以类万物之情。"据载，上古圣人伏羲、女娲仰观其天，俯察天地，通晓自然大道，创太极图形。所谓太极，乃无所不包、无所不容之意。从此圣圣相传，至尧舜禹，至周文王，至孔子。孔子的后人子思恐其失传而作《中庸》以授孟子。"此篇乃孔门传授心法"，子程子曰："其书始言一理，中散为万物，未又复合一理。"又如老子曰："道生一，一生二，二生三，三生万物，万物负阴而抱阳，冲气以为和。"儒道两家心法同出于太极一源，均阐明万物是一，一是万物。

意象思维介于主观思维与客观思维的中道，如果能用一个简洁抽象的符号表示，它就是"S"，因为画太极图只此一笔即可完成。所以"S"即太极符号、生命符号，代表中庸、道、统筹一。"S"法极具活性，守中思维，变化万千，是中国所有优秀传统文化的活水源头，亦是最接近于自然的曲线思维方法，它统一并超越对立的两极，了解它才能真正体味中国传统文化和武学之高屋建瓴，美轮美奂。

应物象形则更强调了内家三拳的意象成分，如"道之为物，惟恍惟惚，惚兮恍兮，其中有象。恍兮惚兮，其中有物。窈兮冥兮，其中有精。其精甚真，其中有信。"（老子《道德经》）唯其守中，因此"中"得天下之正道。中者，气自生焉。武术就是求得阴阳平衡。

正所谓"天得一以清，地得一以宁，神得一以灵"，练武一以生，得一即得道，得道即是"气"。

（1）渐进法。正如董其昌所说："然亦有学得处，读万卷书，行万里路，胸中脱去沉浊，自然丘壑内营，成立鄞鄂，随手拨出，皆练武传神。"所谓"读万卷书"，即从先古圣人经典中学习智慧，练其武，"先修其身，欲修其身，先正其心，欲正其心，先诚其意，欲诚其意，先致其知，致知在格物"，这也是练好内家三拳的基础。所谓"行万里路"，即到自然中去体验其博大的胸怀，使小周天与大周天和谐，达到天人合一的境界，物我两忘，返璞归真。

（2）顿悟法。此法在儒、释、道经典中皆有论述，即人在守中时不思善恶，弃绝杂念，超越两端，为完全净化状态，一念之间，即可恢复人性的本真与清静，此时练武，发于无意，自会奥妙无穷。

将欲翕之，必故张之；将欲弱之，必固强之；将欲废之，必故兴之；将欲夺之，必固与之。是谓微明。柔弱胜刚强。

道，常，无为。而无不为，不欲以静，天下将自定。

天下皆知美之为美，斯恶已，皆知善之为善，斯不善已。故有无相生，难易相成，长短相形，高不相倾，音声相和，前后相随。是以圣人处无为之事，行不言之教。万物做焉而不为始，生而不有，为而不恃，功成而弗居。夫唯不居，是以不去。

上善若水。水善利万物而不争。太极也，处众之所恶，故几于道。居善地，心善渊，与善仁，言善信，政善治，事善能，动善时。夫唯不争，故无尤。

致虚极，守静笃，万物并作，吾以观其复，夫物芸芸，各复其根。归根曰静，是曰复命，复命曰常，知常曰明。见素抱朴，少私寡欲。曲则全，枉则直，洼则盈，敝则新；少则得，多则惑。是以圣人抱一为天下式；不自见，故明，不自是，故彰；不自伐，故有功；不自矜，故长。夫唯不争，故天下莫能与之争。古之所谓"曲则全"，岂虚言哉？成全而归之。

道之原义出于对天体的观察，此乃先天之法，而人所制定的所有方法，都是参考天地之道所谓，人类依天地之道而启蒙，"人法地，地法天，天法道，道法自然"（老子《道德经》），从而创造后天之法。假如排除先天之法而讲后天之法，就不懂得世间的道理出在何处。自然是最大的道，使我们了解普遍的规律。然而自然又是千变万化的，世间绝没有两片相同的树叶。所以，有了法，还要不住于法，绝不能把自然规律当作固定不动的僵死教条，否则，就是学法之最大障碍。

因世界在物质上是统一的，故太极之道可以解释自然万事万物运行的轨迹和规律。

《中庸》言："上律天时，下袭水土。譬如天地之无不持载，无不覆帱，譬如四时之错行，如日月之代明。万物并肩而相害，道并行而不相悖，小德顺流，大德敦化，此天地之所以为大也。"朱熹在四书中注，自伏羲后，"则先执厥中者，尧之所以授舜也"。即尧得到了"一"的道理并传给舜，舜总结为三句话：人心惟危，道心惟微，惟精惟"一"。即人心很容易失去平衡，而天体按照中轴运转不会有片刻偏离轨道，天道最为精微，准确无误，是我们应当效仿的唯一榜样。

道可道，非常道；名可名，非常名。无名，天地之始；有名，万物之母。常无，欲以观其妙；常有，欲以观其微。此两者同出而异名。同谓之玄，玄之又玄，众妙之门。

道不是我们表面看到的那样，因为通常我们都如盲人摸象一样看不完整，因为我们没有把事物当成一个系统来观察自然之道。就是矛盾对立又统一，一体两面，实为一体，缺一则另一个就不存在。将事物看完整，心态松平静如水。人若像天体一样有秩序，怎会不"清静为天下正"，故"天之道，利而不害。圣人之道，为而不争"，如此修身养性，才会真真正正做到和谐完美。这里的天道至曲就是S法则，一体两面，实为一体。

解析："规矩"圆规；矩，即角天，分享道家养生。

1964—1969年，在新疆吐鲁番的阿斯塔纳，相继出土两幅唐代壁画，女娲右手举规，伏羲左手举矩，人首蛇身，上身相攀，下身缠绕，上方有日，下方有月，背景为浩瀚的宇宙，星辰布满空间。

"规矩"演示了方圆之终极法则，万物都是按一定的规律运行的。世人都知道有规矩，但不知它的来历及"乾旋坤转"的真实含义。现代地球科学证明，由于月球绕地球运行，地球又绕太阳公转，因此，地球在运行时就要受到日、月双重引力的影响。所以地球绕太阳公转的轨道（地球科学概论第7页，陶世龙等编著，北京地质出版社1999），即地球在日、月之间把握平衡，守中自转所运行的轨迹，其中的每一个单元就像伏羲、女娲所演绎的太极图。此外，因为地球的公转轨道是椭圆形的，地球公转的地轴同它的轨道平面有一个倾斜角，这使太阳在日晷上的投影连线呈"8"字形，"8"字的最小单元是"S"。所以推论：太极图中的S曲线就是道，即地球在日月乾坤中运行的轨迹。

相传，上古圣人伏羲、女娲运用手中最早的工具"规"与"矩"观测天体日月星辰之变化，女娲用规画出圆形，伏羲用矩制成有刻度的圭表，立在旁边，这就是最早观测日影的晷仪。将太阳在每日同一时间的投影标在晷仪上，连点成线，一年以后，就得出地球运行的轨迹，即太极图形。《大传》曰："古者，疱羲氏之王天下也，仰则观象于天，俯则观法于地，观鸟兽之文与地之宜，近取诸身，远取诸物，于是始作八卦，以通神明之德，以类万物之情。"是知上古圣人，开天创制立法以治天下，作《易》与造历，同出一源。伏羲言"此文明始也"。故《易》云："开物成务，冒天下之道。"

一个人如果同时有孔子提倡的爱心、孟子的正义、墨子的实践、韩非子的直面人生、老子的智、庄子的慧、荀子的自强，就一定成为领袖。

道家养生：顺应自然的调理最智慧。从道家观念讲，健康就是人与自然的匹配和顺应。道家是中国自有的东方哲学。他认为世界上有四样东西为"大"：天大、地大、人大、道也大。这四者之间的关系是：人法地，地法天，天法道，道法自然。

其中天法道、道法自然，即人与世界的和谐，顺应整个自然的调理，才是最健康、最智慧的。眼下，大家常提起"中医养生"，它讲究的是调和，是系统中的平衡，是循环调理。它不会治标不治本，不会看到一个表象攻其一点。人体本身就是一个有机世界，打喷嚏、流眼泪，有可能就是身体里某项大的功能出现问题。因此，如何把我们的个体生命当作整个科学系统去调养、去平衡，是非常关键的。

第四节　武术"六合"论

武术的最大特点之一是"内外合一"，武术运动特别强调六合。因此，武术能表现出区别于其他运动的独特风格。专家从新的科研成果来讨论这一问题。

一、"内六合"系统

传统的武术理论认为"内三合"与"外三合"，内三合是"心与意合，意与气合，气与力合"；外三合是"肩与胯合，肘与膝合，手与足合"。

据通过一百例经络测定试验发现：意识活动增强时，经络系统中的活动也增强，反之，意识活动减弱时，经络系统中的活动也减弱。重要的一点是，心血管系统的反应与经络系统的反应是一致的（气与血有一致性）。当肢体做有序化的柔和运动时，意识活动也会出现有序化活动，脑电图上可出现大量α波和β波，而且振幅较高。同时，心血管系统与经络系统被激活，表现为心率加快，呼吸变得深长。这说明，意（大脑的活动）、气（经络系统的活动）、力（运动系统的活动）是一个和谐统一的整体。因此"内三合"实际上是"内六合"，即心与意合、意与气合、意与力合、心与气合、心与力合、气与力合。"内六合"系统中以意识最重要，它是指挥者通过测评和实验，初步推导心、气、力、意之间的关系，是以心为基础，以经络系统为运气血的通道，以意为气血量的调节者。武术运动的表现是靠内在的意与外在的力的运动实现的，意识指挥着力的运动，因此"意与力合"这一合非常重要。

二、武术与"六合"

前面读了"六合"系统的新概念，下面试运用文字来解释武术中的一些问题。

1. 武术内功与六合的关系

武术内功，不论是阳刚之硬功，还是阴柔之软功，都是"六合"系统由不合到逐渐统一的过程。"六合"系统越是和谐统一，内功就越好。如内养功，是在意识的指导下，气血在内脏的有序运动，而心血管系统表现为平舒，因此，身体各部表现是舒松状态。又如，硬气功是以意识指挥气血运行于四肢各部进行练习，此时心血管系统表现为高度激活，因此肌肉的收缩力与张力大大增加。在武术中其内功功法虽然流派繁多，也各有千秋，但求其基因，其实质是"六合"系统中各因素之间的配合方式发生变化的结果。

2. "六合"是内功拳和外功拳的最终目的

根据内功拳用意不用力、松静自然、柔和缓慢的特点和外功拳运速静定、起伏转折、翻腾跳跃的风格，不难看出，内功拳是注重于练意、练内脏；外功拳则注重于练力，即运动系统的锻炼。从现代生理学和解剖学的解度来分析，中枢神经系统的结构和功能是比较复杂的，而且内脏的活动不能被运动神经支配，所以单靠"意"来改变其功能较难，运动系统的结构与功能较中枢神经系统简单，靠"力"改变其功能较易。所以内功拳要真正达到练意，用意是较难的，需要较长时期的练习才能取得效果。而外功拳则较易取得练习效果。"六合"系统的理论说明，不论注重于练"意"也好，注重于练"力"也好，最后都要要求达到整个系统的和谐统一，在此内功拳与外功拳的目的是一样的。这里就启发我们应找到一些尽快达到"六合"和谐统一的最佳功法。根据近年来反复实验的结果和"六合"理论的科学分析推导，武术运动应从桩功入手，调养气血，使中枢神经先得到发达，健康内脏，然后在此基础上练习外功拳，使全身筋骨肌肉发达，最后从事内功拳的锻炼，使中枢功能进一步增强。这样是螺旋式的运动，逐步接近于"内外合一"进而达到"六合"和谐统一的最佳境界。

以上针对武术"六合"理论和它的运用作了一些初步的探讨，一定存在很多错误之处，恳切希望武林前辈和同道给予批评指正。

第五节　孙氏武学与现代体育精神

中国的内家拳也就是内功拳，其中包括形意、八卦、太极拳。尤其是孙氏内家三拳，主要吸收了儒、释、道三家的精髓，都追求人与自然的和谐统一，达到天人合一，即天地的变化和人体健康之间的密切关系。其价值在现实情况和生活中具体落实为一个"度"字。"度"就是分寸，就是节制，就是礼教，就是平衡，就是中和。孙子曰："大德必得其寿。"一个忠厚仁慈、乐善好施、锻炼平和的人必然心理稳定、平衡，神经和内分泌系统调节功能处于最佳状态。

当财富丢失了，你什么都不会失去；当健康丢失了，你在蒙受损失；当品德丢失了，你就失去了一切。许多时候不是因为修身养性练习功法觉得很没意思，有很枯燥、有困难、功夫不上身等，让我们望而却步，而是因为我们不敢尝试，它们才变得很困难。要想得到你喜欢的东西，先学会喜欢自己拥有的东西，人类的创造、拳术的演变，刻苦的修炼，都是前人基础上的延伸。

练孙氏拳学也要有现代奥林匹克精神,它的格言"更快、更高、更强",是出自顾拜旦一个普通基督徒的挚友迪登神父的名言。托尔斯泰曾说过,人生有三种满足的境界:家庭的满足、事业的满足、宗教的满足。托氏所说的宗教满足一如经上所言:"没有一种财富能胜过身体的健康;也没有一种快乐能超过内心的喜悦。"顾拜旦在著名演讲"奥林匹克精神"中说:"强健的肌肉和内在的精气神是欢乐、活力、镇静的纯洁源泉。"在他看来,体育运动和武术运动,是培养人类灵与肉的一片沃土,是力量、美丽、正义、勇气、荣誉、欢乐、养生、进步的象征,更是灵与肉健康之美、精神之足的一种展现。因为,健康是灵与肉生活的必需品,而健康中和之气、中和之力的灵肉生活则是神最美好的赐福。

　　在中国古代文化中"礼""乐""射""御""书""数"的"六艺",强调的恰恰是通过技艺的修身达到内心的和谐,不断完善自己的性情人格,这样的人生才是幸福。因为通过锻炼身心,可以改变人的一种气质和品行,在人与社会自然界中都能和睦相处,通达合一,这正与奥林匹克精神实质相契。正如顾拜旦所说:"奥林匹克精神包括但又超越了竞技精神。"看来古老的奥林匹克精神原是存于人心中的。然而,也正是在这一人性共同追求的健康灵肉之美的生活中的境界,人们才能在现代性复归的精神内,以健康的心智重新思考领悟、树立和追求天地、人神的关系,借古老的奥林匹克精神在平安与康乐中重塑自我。而在"神人以和""象天法地"的中国传统文化、孙氏武学精神为背景,与奥林匹克精神的天地、自然、人、神圣合一的基础上,中国现代养生练神练意练气的核心理念的印记。"同一个社会,同一个理想",则应该在多维空间里,对孙氏内家三拳与奥林匹克回归准备好的一种弘扬与超越吧!

附录

邓福明弟子名录

王晓龙　　刘泽清　　王　伟　　伍　峰　　张万里　　彭泽早
姚文波　　李国芳　　刘远军　　宋志清　　李俊云（女）
史朝静（女）　尹丽华（女）　曹文秀（女）　刘晓晶（女）
刘玉兰（女）　杜　丹（女）　黄兰芬（女）　欧阳秀丽（女）
孟繁坤（女）　王　美（女）　杨静波　　姚向春　　解　峰
王宝林　　任金锁　　梁士福　　于守正　　齐广全　　张连仲
李太荣　　魏德龙　　董满俊　　董满良　　谢　本　　白福存
高洪玉　　郑海山　　曹文东　　张国强　　刘振宝　　江宝生
邓　磊　　刘恩国　　李忠泽　　袁国勇　　邓　军　　邓　涛
蒋洪宇　　李文磊　　赵志新　　孙　泽　　王君振　　刘福军
郑庆祝　　张俊懿　　杜　平　　刘胜前　　孙贵东　　李安定
刘东升　　王胜杰　　王连财　　聂　野　　杨喜凡　　刘建国
周庆东　　刘顺清　　廖贵明　　韩改田　　李纯良　　穆　亮
王立武　　张建营　　唐云江　　王泳辉　　汉　努（智利）
帕梅拉铃（智利）　盖　勒（法国）　王天翌　　李　英
陈子康　　覃庭威　　郭志敏（女）